U0801973

父母教练 | Parenting

推动摇篮的手推动世界

我们都错了！同理心才是孩子成功的关键

Unselfie

Why Empathetic Kids Succeed in Our All-About-Me World

［美］米歇尔·博芭／著
郭贞伶／译

长江出版传媒｜长江少年儿童出版社

FORMA亲子同理雷达测验与分析

本测验由杨俐容（儿童与青少年心理专家）、钟世明（临床心理师）授权刊载使用。

一、　FORMA 亲子同理雷达——自我检测

亲爱的读者：你好！这份问卷的目的是希望帮助你了解你在和孩子谈话或互动时，同理心的每个分项能力分布状态。请依照你日常生活中和孩子互动时的真实反应，圈选最能代表你的描述。请尽快完成问卷，不要去想怎么做才对。

（一）F：专注度	完全符合	有点符合	有点不符合	完全不符合
1. 和孩子说话的时候，大部分都是孩子说、我在听。	4	3	2	1
2. 孩子常说：“你根本没在听我讲……”	1	2	3	4
3. 和孩子说话时，我会先听他讲完再说。	4	3	2	1
4. 和孩子说话时，我通常会面对面地看着他。	4	3	2	1
5. 和孩子说话时，我常会打岔或离题。	1	2	3	4
合计：________分				

（二）O：开放度	完全符合	有点符合	有点不符合	完全不符合
1. 我常问孩子“是不是、有没有、好不好……”，而非“怎么了、是什么、如何……”。	1	2	3	4
2. 当孩子有事问我时，我很乐意给建议或答案。	1	2	3	4
3. 和孩子说话时，我会请他谈谈他的感觉。	4	3	2	1
4. 我会请孩子多举一些例子说明他的想法。	4	3	2	1
5. 我常鼓励孩子多说一些。	4	3	2	1
合计：________分				

（三）R：反应度	完全符合	有点符合	有点不符合	完全不符合
1. 孩子说完一段话，我会先把他的话做个简单的概括。	4	3	2	1
2. 我通常会跟孩子确认他想要表达的内容是什么。	4	3	2	1
3. 当孩子说完话时，我会把他的内心感受说出来。	4	3	2	1
4. 孩子会抱怨我爱说教或讲道理，而不是先试着了解他。	1	2	3	4
5. 孩子会表示我说中了他心里的感受和想法。	4	3	2	1
合计：________分				

（四）M：好奇度	完全符合	有点符合	有点不符合	完全不符合
1. 我对孩子的感受与想法很好奇。	4	3	2	1
2. 当孩子闹情绪时，我会先猜想他怎么了。	4	3	2	1
3. 和孩子观点不一样时，我们总是很难继续谈下去。	1	2	3	4
4. 我会先关心孩子的感受和想法，再处理是非对错。	4	3	2	1
5. 孩子在我面前能畅所欲言。	4	3	2	1
合计：________分				

（五）A：敏锐度	完全符合	有点符合	有点不符合	完全不符合
1. 我可以根据孩子的神情觉察他的情绪状态或有没有心事。	4	3	2	1
2. 我能从孩子的表现中体会出孩子没说出口的感受。	4	3	2	1
3. 我能从孩子的话语中听出弦外之音。	4	3	2	1
4. 我常找错时机和孩子说话或互动。	1	2	3	4
5. 家人都在时，我很快就能感受到当时的气氛。	4	3	2	1
合计：________分				

二、FORMA 亲子同理雷达——自我图

1. 范例图

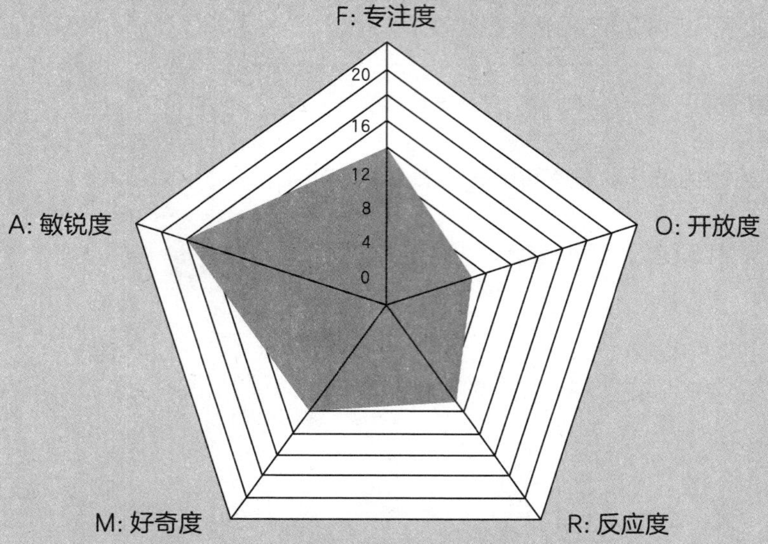

2. 自我图

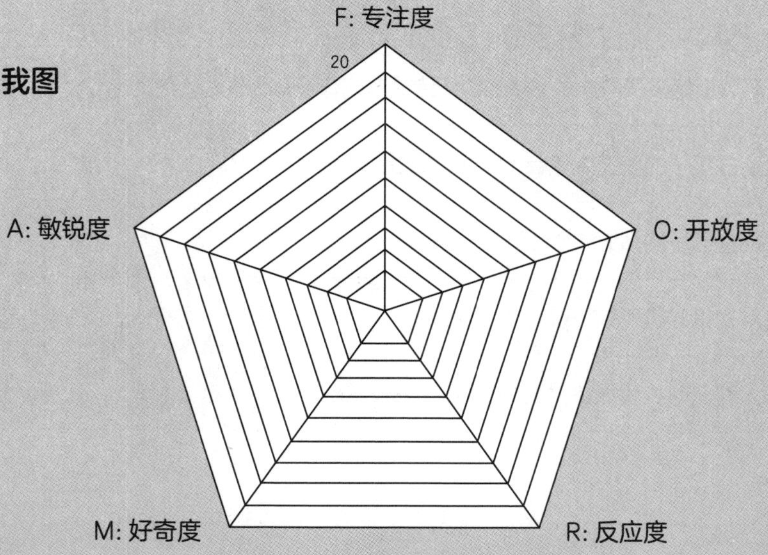

三、FORMA 亲子同理雷达结果解析

※ 每个分项能力各题分数相加即为该能力得分，分数解析如下。

高分（16~20 分）：代表你较常表现出该分项能力。

中等（11~15 分）：代表你该分项能力表现属于中等水平，也就是说你在该分项能力上已经具备了很好的基础。只要再多练习、多提醒自己，就可以成为很棒的“同理型”父母！

低分（5~10 分）：代表你较少表现出该分项能力。

※ 各分项能力高低分解析如下。

1.F（Focus）：专注度

- **高：**你是个专注、投入的家长，必要时总能将注意力放在孩子身上，耐心地听孩子把话说完而不打断。你让孩子觉得被尊重，也更愿意和你说话或互动。
- **低：**在孩子说话时你会心不在焉，或一直想着要跟孩子说的事情。孩子可能会觉得你根本不想听他说话，而有被忽略的感受，久而久之，孩子可能会越来越不想和你互动。记得提醒自己要克制冲动、少说多听！

2. O（Openness）：开放度

- **高：**你是个开放的家长，对孩子的心声充满好奇，和你说话会让孩子感到安心，孩子也更愿意让你了解他心里的感受和想法。
- **低：**你对许多事情都有定见，也希望用最快、最好的方式帮助孩子。但孩

子会觉得没机会把感受和想法表达清楚，甚至会觉得自己怎么说都不对。建议你多用比较开放的问法，比如“怎么了、还有呢”，让你的关爱发挥帮助孩子自我探索、自我了解的功效！

3. R（Responsiveness）：反应度

- **高**：你是个很善于整理思绪的人，总能用简单的话语将孩子的想法和感受表达出来并反馈给他，孩子会有“你真了解我”的感觉，并且能够越来越清楚、完整地表达自己。

- **低**：你是个很有原则的家长，但容易忽略孩子的感受、否定孩子的想法，要孩子遵照自己的规则行动。孩子可能会觉得你无法体会他的感受、不了解他的想法，甚至会顶嘴反抗。请耐住性子，先帮孩子冷静，整理一下他说的内容，并和他核对，确认他的感受和想法，孩子会越来越喜欢和你互动！

4. M（Motivation）：好奇度

- **高**：你是个活力十足的家长，对孩子的一切都保持高度的兴趣和好奇，因此不太会先做判断，而是思考孩子情绪、行为背后的可能性。孩子不仅乐于和你说话、互动，也会学到对人保持好奇的态度。

- **低**：你是个沉稳、淡定的家长，当孩子闹情绪时，你的反应幅度比较小，也较少主动了解孩子。久而久之，孩子会觉得和你的关系有些距离，也可能会觉得你对他不够关心。建议你多关注孩子，去发现孩子的可爱之处，也会更加了解他！

5. A（Awareness）：**敏锐度**

- **高：**你对孩子的情绪感受具有高度觉察的能力，总能在第一时间发现孩子的情绪波动与情感需求。只要搭配其他能力并运用得当，孩子会从被同理的经验中学习到同理他人的能力。

- **低：**你可能是个比较理性的家长，也可能不习惯注意别人的情绪表现，因此容易错过孩子的需要，或忽略孩子的感受。建议你在和孩子互动时，多看看孩子的表情、注意他的喜怒哀乐、想想他可能怎么了，再加上适当的响应，你会更贴近孩子的需要！

推荐序一

同理心很有用

白滔滔、三川玲（“童书妈妈”创始人）

刚拿到这本书，看到“同理心才是孩子成功的关键”这句话，我心下略一迟疑：决定孩子成功的因素，难道不是有很多吗？同理心固然很重要，但为什么会是成功的关键呢？

打开书本，我越看疑问越少，越看越信服。米歇尔在书中用大量的案例、数据，以及科学研究，印证了同理心不仅有用，而且作用非常大，的的确确是成功的关键。而我也一边阅读，一边想到自己亲眼见证“同理心发生作用”的经历。

一

有一次，我们组织了十几个家庭，一起去缅甸做了一个“采访营”。

我们陆续去了难民营、戒毒中心、香蕉农场、村庄、学校等地方，接连采访了联合国官员、地方领袖、神父、难民家庭、戒毒者、普通村民、校长、老师、学生……

每天采访完后，我们还会组织家长和孩子一起写“同题作文”，记录自己的感受和想法。对于我们来说，这都是人生的一次全新体验。我们看到了和我们生活状态完全不同的人，了解到了他们的苦恼、痛苦、快乐、幸福……

在十几天的行程中，同行的一个家庭还带了一个两三岁的小男孩。可能是我们全程几乎没有玩乐的安排，这个小朋友经常会在坐车的时候、等飞机的时候大声地哭闹。要是以往，大家可能会对这样的情况感到气愤，可是，那次几乎所有的大哥哥大姐姐，都表现出了宽容的态度。有的时候，大家还会主动去安慰他、逗逗他、哄哄他。我想，是因为我们看到了那么多不同的人、不同的生活，接触到了战争、苦难、纷争和希望，这种经历会让大家更加宽容地看待他人、感受他人、体谅他人了吧。

这是同理心在生活中起到的作用。

二

上高中的时候，我有一位同班同学，他极其聪明，学习成绩极好。

要说，这样的同学孤傲一些、冷漠一些，大家也是可以理解的。但是，他非常友善，整天笑眯眯的。而且，他对任何同学都是一样的态度，无论是学习好的，还是学习差的。他既不会提防学习好的同学，也不会瞧不起学习差的同学。只要有同学找他讲题，他都会非常热心、细致地讲解，一直讲到别人弄懂为止。而且，他还很会发现别人的优点，多次表达对踢球好的同学、画画好的同学、讲故事好的同学的钦佩。基本上，全班的同学都是他的朋友。

后来，这位同学被保送清华大学，毕业后去了美国深造。再后来，他去了欧洲做研究。最后，他又被国家以重点人才引进回国，现在在一所大学从事研究工作，是非常著名的科学家。

或许，有很多人虽然杰出但孤傲、冷漠、独来独往，然而，我的这位同学是既杰出也友善的代表。而且，据我所知，他在具有很高成就的人群中，是幸福度很高的一位。

这是同理心在学习中起到的作用。

三

我有一位认识近二十年的老朋友，他具有一个非常典型的特质，就是爱帮助人，把别人的事情当成自己的。

早年的时候，我们刚毕业不久，在同一家公司上班，住在公司的宿舍，吃在公司的食堂。他经常会张罗各种事情，比如，谁要搬家了，谁家里有什么事儿了，谁的感情有问题了……都会看到他的身影。

最有意思的就是他经常“陪加班”。有同事的工作没有完成，需要通宵加班，他就会号召我们大家一起陪着加班。陪的时候，还要帮忙出主意，想办法。

后来，他离职去创业了。我的第一个感觉，就是他肯定会成功。原因很简单，他从来都是以帮助他人为乐的，那么，他的这种利他的行为，一定会让他的顾客满意的。果然，我看着他从租了一个居民房开始，一点点地做了起来。几年之后，他的公司做到了近2000人，也顺利在纳斯达克上市了。

更难能可贵的是，他在商业上取得成功之后，也没有变成精致的利己主义者，还是和之前一样“傻”。我亲眼见过他很单纯、热心地支持了很多文化、公益项目，帮助了很多人。

他来自陕西的农村，也不是天资聪颖的天才，他成功最关键的因素是什么呢？作为一个近距离的观察者，我认为就是他具有同理心的特性。

这是同理心在商业上起到的作用。

最后，我想说的是，现代社会的竞争非常激烈，很多家长生怕自己的孩子吃亏。于是呢，就从小教育孩子要独立，要有个性，要提防他人，要争强好胜。这并没有错，但是，与此同时，也要让孩子具备同情、友善、合作、利他的素质。

要知道，未来社会的分工越来越细，所学越来越专，很难再有“一个人的成功”。无论是在商业领域还是在科研领域，都需要团队的合作、他人的帮助，才会有“多数人一起的成功”。

一旦你接纳了一个人，你就少了一个敌人，多了一个朋友、支持者。那么，你做任何事情成功的概率也就大了很多。

那么，如何让孩子具有同理心呢？米歇尔在书中已经明确指出同理心是可以培养的，并且给出了很清晰的道路。她提供了大量的案例、原则、方法，也提供了很多的资源。如果家长们可以从中学到十分之一、百分之一，甚至只是掌握了其中几个方法，比如，开家庭会议、和孩子一起看《一百条裙子》、玩“假装另一个人”的游戏……都会让你的家庭和孩子受益匪浅。用科学的方法，是可以让孩子拥有宝贵的同理心的。

为此，我们要感谢米歇尔用一生推广同理心。感谢她的勇气和毅力，认真严谨的态度和科学的方法，以及对他人的关爱——她自己的践行就是同理心最好的注脚。而她的所作所为，造福的也不是某个国家、某个地区的孩子，而是全世界的孩子。

推荐序二

培育同理心，让所有的孩子一起幸福

杨俐容（儿童与青少年心理专家）

在亲子教育的道路上行走二十多年，我非常清楚，想要培养出成功、幸福的孩子，既没有万灵丹，也没有可以快速通关的捷径。然而，基于对儿童发展、亲子关系、家庭教养等领域的科学研究，心理学确实归纳了几项最核心的元素。

这些元素决定了孩子未来是否具备成功的潜力与幸福的素养，包括大家耳熟能详的：涵盖自我与人际情绪管理的情商、不急着吃棉花糖的自控力、屡败屡战的挫折忍受力、致胜关键的恒心和毅力……

然而，米歇尔·博芭博士所提出的“同理心”（Empathy），除了同样是成功、幸福不可或缺的元素之外，更切中当今孩子成长过程中相当令人忧心的现象——自拍当道、自我横行；本书原文以 *UnSelfie*（编者注：跳出自拍模式）为主标题，就是希望以培育同理心来翻转时代趋势，让每个孩子都能成为“要自己好，也要让别人好”的优质孩子，改善校园霸凌的问题。近年来，有识之士一再呼吁要重新正视“品格教育”的必要性与急迫性，而“同理心”正是所有美德的基石，这也是我要大力推荐本书最主要的原因。

“同理心”是指体会他人的感受、想法，站在他人的立场换位思考的能力。拥有这项优势能力，让我们能够在亲密关系、人际交往、团队合作中，同时考量自己和他人的感受与想法，并因此激荡出更有创意、更有效率的解决问题的方法与计划。这些都与成功、幸福息息相关。

最重要的是，米歇尔·博芭博士指出，人类天生具有同理心的发展潜质，但仍需要后天用心培育，才能让同理心“茁壮成长”。她在书中分享的个案故事让人对书中内容有更深刻的认识，旁征博引的研究成果也让人从心底信服，而各章罗列的实践步骤、分龄对策等，更给想要培育孩子同理心的父母、老师提供了丰富实用的教育指南。

我推动EQ教育多年，心中始终坚信“唯有每个孩子都好，我们的孩子才会真正幸福,这个世界才会真正美好”！期待更多的父母、老师加入本书的阅读行列，成为“培育同理心，让所有孩子一起幸福”的播种者!

目 录 CONTENTS

十多年前，在一场以“同理心”为主题的演讲结束后，一位父亲过来找我，向我致谢。他把他儿子的照片拿给我看，并告诉我，他儿子在长期遭受霸凌之后，选择轻生。他希望我能承诺，我会持续向世人宣讲同理心的重要性，直到我生命的最后一刻。“如果有人曾在那些霸凌者的生命中注入同理心，我儿子现在很可能还活着。”

谨以此书，兑现我对那位父亲，以及所有饱受同龄人霸凌的孩子们的承诺。

同理心的潜在好处，何以对孩子极为重要

世间最大的奇迹，莫过于我们能透过彼此的眼睛看世界，哪怕只有一瞬间。

——梭罗

20世纪90年代初期，知名记者约翰·华来契（John Wallach）在缅因州奥提斯菲尔德首度举办了一个名为“和平种子国际营”的夏令营。华来契报道中东地区冲突的新闻多年，他因而领悟到，要打破暴力循环，最好的方法是教导这些来自饱受战争摧残的地区及全世界其他地区的孩子，如何以新的技巧面对冲突。他相信，只要及早教导孩子合作、沟通与营造和平等技巧，就可以改善国际间对话的进程。

因此，过去三十多年来，每年夏天都有数十位来自以色列、巴勒斯坦、埃及、约旦、巴基斯坦、阿富汗、印度、英国与美国的青少年，来参加这个

国际夏令营。主办单位希望，这些孩子回到自己的国家后，能成为和平营造者与改变促成者。华来契的理念在当时被大多数人视为太过理想化，且不可能实现。然而，当为期 3 周的夏令营结束时，许多原本被大人教导要互相仇视与畏惧的孩子，最后都与对方成为好朋友。芝加哥大学的研究学者在夏令营展开前与结束后，以及在学员回国 9 个月后，对数百位营队学员进行问卷调查。他们发现，以色列与巴勒斯坦的青少年对彼此展现出更正面、更愿意亲近与更信赖的态度，不仅是在营队结束时，甚至在一年后仍是如此。其中有许多人，甚至决定以促进和平为终生使命。华来契的梦想实现了，因为他的方法是以同理心为基础。

我曾造访缅因州参观这个夏令营，访问了来自不同地区的青少年，与营队顾问聊天，并且近距离观察。我所看见的一切，包括营区的气氛、营队的活动、大人之间的互动，以及活动带领者所教导的技巧，都有助于强化人际联结与培育同理心。

“我们创造了一个没有隔阂的环境：学员们在周围大人的支持下，开始愿意尝试新事物，”执行董事莱斯利·列文（Leslie Lewin）说，“同理心是‘和平种子’的基石。”

这群青少年一起吃饭、睡觉、聊天与玩乐，凝聚团队的过关活动促使他们彼此依赖，一同发挥创造力，找出问题的解决方法。学员也在活动带领者的引导下，每天进行小组对话，学习去考虑他人的想法与感受。与“敌对方”面对面交流内心最关切的事物，有助于消除偏见与畏惧，获得新的观点。慢慢地，这些学员开始能从对方的角度看待、感受这个世界，“知己知彼的程度，仿佛完全化身为对方，了解彼此为何会有这些感受。”简言之，他们拥有了感同身受的能力。同理心使我们能够跨越文化与世代，联结彼此的想法与感受，升华我们的生命。这正是这群夏令营的学员所经历的。这群正值青春期的孩子获得了同理心优势，而他们终其一生，将以此优势引导自己的想法、感受与行动。

“来到这里之后，你的内在不可能不发生变化，”一位来自索马里的难民如此对我说，“一旦你发现其他人和你有相同的担忧与恐惧，你就会开始对他们的处境感同身受，而你原有的想法将被颠覆，且再也回不去了。”

“自小被灌输的信念，使我无法接纳敌对的那一方，”一位来自巴勒斯坦的学员说，“但我后来发现，他们（以色列人）当中也有爱好和平的人，就和我们一样……我现在相信，说到底，我们都是一样的。”

三十年来，我走访全世界所找到的答案，与上述这句话不谋而合。同理心是可以灌输的，它涵盖了许多可教导的习惯，而且是可以培养的，只要加以练习与实践。同理心可为孩子打下基础，帮助他们在生命中实践一个极为重要的真理：**所有人都是一样的，有着相同的恐惧与忧虑，每个人都有权利被有尊严地对待。**

“孩子要获得快乐与成功，他们真正需要的是什么？”

有无数的家长问过我这个问题，而我的回答令大多数人感到非常意外。我告诉他们：“孩子需要的是同理心。”这种能够感同身受的特质，素来有“情感过剩”之嫌，但新的研究显示，同理心并不代表“柔弱”，相反它扮演了一个令众人跌破眼镜的角色，它能预测孩子未来的幸福与成功。问题在于，家长与一般大众都普遍低估了同理心的重要性，以至于在探讨教养议题时，很容易忽略它。

本书要提出一个简单、具有革命性的观念，这个观念将会让孩子的一生从此不同：同理心，并不是在孩子的成长过程中最好能被培养出来的“附加”特质，而是孩子想获得成功、快乐与幸福不可或缺的要素，不论是现在还是未来。此外，许多研究者发现，同理心并非是与生俱来的特质。尽管孩子天生就会关心别人，却不是一出生就懂得同理，正如孩子不可能一出生就懂得 2+2=4 的道理一样。同理心是可以教导的特质，事实上，它是家长、教育工作者以及孩子周遭的人必须要教给孩子的观念。更重要的是，它是一项可以培养与提升的能力，就像学骑自行车或是学习某种外语一样。我将在书中提出构成同理心的九个重要能力。通过练习，这些能力与技巧将成为孩子一辈子的习惯，使他们持续保有关怀他人的能力。

为什么我们希望自己的孩子具有同理心？首先，感同身受的能力会决定我们的孩子未来能否拥有健康、财富、真正的快乐、心满意足的人际关系，以及在遭遇逆境后振作起来的能力。其次，同理心会促进善意、亲社会行为与道德勇气的提升，而且可有效杜绝霸凌、攻击、偏见与种族歧视。最后，同理心也与孩子的阅读和数学测验分数，以及批判思考的技巧呈现正向的关联，使孩子为全球化世界做好准备，并在未来的就业市场中占有优势。正因为如此，《福布斯》杂志呼吁企业要采纳同理心与换位思考（perspective-taking）原则，《哈佛商业评论》则将同理心称为“成功的领导力与卓越表现的要素”，美国医学院校协会也把同理心视为“主要学习目标”。现在，同理心等同于成功，我所提出的“同理心优势”将会让孩子拥有必要的优势，活出有意义、丰富且快乐的人生，同时在极为复杂的新世界中发光发热。

同理心是文明有礼社会的必备要素，但更重要的是，同理心使孩子成为更好的人，而这是我最关切的一件事。过去数十年来，孩子关怀他人的能力大幅下降，只关心自己的倾向急速上升，这使得他们的美好人性被日渐消磨。现今的文化看中“我”更甚于“我们”。

“自拍症候群”兴起，同理心衰退

“自拍”的风潮正热。人们拍下无数张自己的照片，放上社交媒体，让其他人为“我”以及“我的”光彩时刻点赞。“自拍”这个词的使用率实在太高（它的使用率在一年之内上升了 170 倍，并且有超过 2.3 亿次的 Google 搜索记录，牛津字典将它选为 2014 年的年度代表词）。有人检索了 1960 年之后出版的成百上千本书，发现有些语句的使用率显著上升，包括提及“自己”、强调个体独特性，或是认为自己优于他人的语句（“我最好”与“我自己就可以做到”）。享受着“你正在注意我”的数字狂热，正不断扩散至现实世界，改变了孩子的态度，创造了史上最自以为是、最爱好竞争、最自我中心，且最倾向个人主义的人群。

我把这种只关心自己的新风潮称为“自拍症候群”（Selfie Syndrome），其症状为：只顾着自我推销、树立个人品牌与关心个人利益，而不管他人的感受、需求与想法。这种风气正不断渗入我们的文化中，逐渐侵蚀下一代的品格。

只关心自己的心态会扼杀人性的根本——同理心，基于这个理由，我们必须设法让孩子把关注焦点从“我、我的”，转移到“我们、我们的”。我们应该关切这现象的理由有四个：

1. 现代年轻人的同理心明显呈现下滑的趋势。

我们发现，自拍行为（以及自拍行为所代表的“以自我为中心”的文化）可能对现代年轻人造成无法挽回的伤害，其征兆之一是，大学生的自恋倾向愈演愈烈。自恋者只关心一件事，那就是他们能为自己争取到多少东西：“要是由我来统治世界，这个世界会变得更美好”“我总是非常清楚自己在做什么”“在还没有得到我应得的一切之前，我是不会满足的”。如果现代年轻人也能以同样的热诚关心他人，那么这股孤芳自赏的风气就不会如此令人担忧，但事实并非如此。与 30 年前的青少年相比，现代青少年的同理心水平下降了 40%，自恋水平上升了 58%。

2. 同龄人霸凌的情况明显日益增加。

同理心逐渐消失时，攻击与霸凌行为就可能增长，加害者也会开始将受害者物化，不再将其视为有血有肉的同类。一项研究指出，青少年霸凌的情况在四年内（2003—2007）急剧增长了 52%。此外，霸凌的年龄层向下发展，甚至在年仅 3 岁的孩童身上也可观察到霸凌行为。2014 年的另一项研究发现，网络霸凌事件在一年内就增加了2倍。同龄人霸凌的情况极为严重，已经开始危害许多孩子的心理健康。有1/5的中学生曾考虑用轻生的方法来解决被同龄人霸凌的问题。立法者也非常关切这个议题，美国的50个州都已通过反霸凌政策。霸凌行为是学来的，因此也可以通过学习消除，而培养同理心是最好的解决之道。当你能同理受害者所感受到的痛苦，就不太可能成为加害者。

3. 现代年轻人作弊的情形增多，而道德推理的能力减弱。

孩子若能培养出以关怀与社会责任为基础的身份认同，将比较能够考虑到他人的需求。但如今的文化正背道而驰，这是另一个令人忧心的现象。60%的成年人认为，年轻人没有学习正确的道德价值观，是美国非常严重的问题之一。过去二十多年来，孩子的品德观念日益低落，有72%的美国人表示，我们孩子的道德价值观"越来越糟"：绝大多数大学生表示，"作弊是成功的必要手段"，而且70%的人承认自己有过作弊行为。毫不意外，作弊的风气越来越盛行，而现代大学生最典型的道德推理，是把重点放在个人利益上，而非公正对待他人。同理心是解决这个问题的方法之一，但无法根治问题。年轻人需要道德指针引导他们做出道德选择。

4. 随时连线的高压力文化，导致现代年轻人的心理健康亮起红灯。

有1/5的美国年轻人曾经历心理失调的状况。现代青少年所承受的压力，比成年人还要大。我们下一代的幸福感越来越低，同理心也是如此。同理心随着焦虑感的增加而下滑：当你处于“求生模式”，就难以对他人的处境感同身受。现在有太多的孩子正处于这种状态，这种情况导致了同理心断层（empathy gap）的产生。

尽管我们可能培养出了聪明且自信的下一代，但他们同时也是史上最以自我为中心及压力最大的孩子。我们若要培养出有同情心、快乐且成功的下一代，就要大幅改变抚养与教导孩子的方式，并与最新的科学发现接轨。本书提供的蓝图将会告诉你如何做出这关键性的改变，把经过验证的最佳策略，应用在教养子女与教育方式上。

培养同理心

那么，家长、老师、咨询师与儿童保护促进者该如何扭转这个令人不安的趋势，并提升孩子关心他人的能力？哪些做法是阻碍，哪些又有助于提升孩子关心他人的能力？我们该掌握哪些最新的科学发现，才能教出更健康、更快乐、更成功、更有同情心的孩子？这些问题一直在我的脑海盘旋，于是我花了 10 年的时间周游世界各地，致力于寻找答案。

把同理心教给孩子，以及教导大人如何培养孩子的同理心，是我毕生的事业。我一开始是在学校当老师，教导来自不同背景的孩子，他们的生命中充满了各种问题与困境。后来，为了给孩子更多帮助，我决定攻读教育心理学与咨询博士学位。为了写论文，我访谈了数百名学龄前儿童，以评鉴他们辨识情绪的能力，在这个过程中，我找到了此生的使命：发展孩子的情绪与社交能力。一个 4 岁孩子对我说的话犹如当头棒喝：“我想要对别人好，但是妈妈不教我怎么对人好。”真是一针见血！如果我们希望养育出有同理心、有勇气、关心他人的孩子，我们就要教他们怎么做。

不久后，我开始周游世界各地，拜访知名大学的顶尖学者，并观察不同老师的教学方式，以寻找最佳实务做法。这是一趟充满惊奇的旅程。后来，我受五角大楼之邀，到 18 个海外美军基地训练当地的咨询师与教育工作者，同时为全世界的教育工作者提供咨询。我曾到六大洲向成百上千位家长与老师演讲与开展讲习班，上了 135 次的“今日秀”节目，以记者的身份报道关于儿童发展的新闻，并且将我的发现整理成二十多本书。

然而，当我十多年前走访柬埔寨金边郊外的“杀戮战场”纪念馆时，我领悟到，在每个人身上培养同理心是多么重要，这促使我兴起了写这本书的念头。当时我唯一能思考的事情是，到底是什么导致某些人做出如此泯灭人性的事，以及我们该如何阻止这种悲剧发生。为了寻找答案，我展开了长达 10 年的旅程。我造访了令人费解的恐怖事件的发生地：达豪集中营、奥斯威辛集中营、亚美尼亚，以及卢旺达。我在那些地方明白了一件事：集体大屠杀会发生，是因为某些人对于人类同胞全然缺乏同理心。我也研究了青少年暴力与校园枪击事件。我发现，早期成长经验中充满温暖对待、仁慈的行为典范，以及不断被灌输“你要和善待人”的观念，对于减少暴行至关重要。我曾写过一个提案——“终结校园暴力与霸凌”，此提案已被签署为加州法案；此法案强调，教导孩子建立同理心的技巧极为必要（曾有一位青少年来向我道谢，他说：“如果我哥哥学过这些，他就不会进监狱了。大人应该教导小孩要关心别人。”这件事让我知道，我走在正确的道路上）。我也发展出可减少霸凌行为的方法，并将这些方法教给数百位老师与执法人员。我还发展出一些技巧，帮助孩子基于同情心成为“挺身而出的人”，这些方法后来获得电视节目“日界线”的报道（在第 8 章会详述）。

这些经历帮助我找到一些有效且简单的方法，来协助家长、老师、咨询师与社群锻炼孩子的“同理心肌肉”：8 岁的亚美尼亚孩子通过玩西洋棋，培养换位思考的技巧；加州长滩的高风险群青少年为安宁疗护病人拍摄影片，让病患家属得以留存回忆；加拿大的三年级学生通过小宝宝学习情绪素养（emotional literacy）；圣地亚哥的 4 岁孩子穿上不同的“大人”鞋子，试着体会“爸爸和妈妈的感受”；以色列与巴勒斯坦的青少年在缅因州湖畔的夏令营，通过对话理解对方的感受。

最重要的是，科学研究结果印证了我的看法：同理心是可以培养的，而且培养同理心可以转变孩子的人生。不论在世界的哪个角落，培养同理心最有效的方法是孩子周遭的大人通过身教，让孩子因为某个有意义的人生经验而受到感动。我们能够（也必须）通过更好的方式，帮助下一代成为好人。没有让孩子发展出感同身受的能力，代表我们没有善尽职责。

不过，让我对同理心产生坚定信念的最大靠山，是我养大 3 个儿子的亲身经验。他们现在都长大成人了，但当我回顾并检视，在我灌输给每个孩子的所有特质中，哪项特质是我最引以为傲的，答案永远会是“同理心”。我确信这项特质会让我们的孩子具备优势，追求健康、快乐与成功的人生，尤其是在现今这个数字化成为趋势、竞争极度激烈且崇尚个人主义的世界中。

要创造有意义的人生，第一步是具备同理心。不论是现在或者未来，我们的孩子若要在人生的任何领域获得成功，他们最需要的助力就是“同理心优势”。

如何使用本书

应用九大习惯，具有同理心的孩子可以安然度过一生中难以避免的情绪地雷与道德难题。这九个习惯可使他们在兴起助人念头时给予引导，并且给他们助人的灵感。这九个习惯全都是可以教导的，而且建立在儿童发展、神经科学与社会心理学的最新研究之上。本书提供一个蓝图，帮助你为孩子的人生注入这些重要的能力，直到你的孩子养成这些终身习惯，从此坐拥同理心优势。

本书的第一部分将告诉你，如何帮助孩子发展出同理心的四大要素。

- **情绪素养**（emotional literacy）——孩子具备了情绪素养，才能辨识并了解自己与他人的感受与需求。
- **道德认同**（moral identity）——拥有道德认同的孩子会采取关怀他人的价值观，以此价值观引导他的正直本性，同时激发同理心、帮助他人。
- **换位思考**（perspective-taking）——懂得换位思考的孩子，可以站在别人的立场理解他人的感受、想法与观点。
- **道德想象力**（moral imagination）——拥有道德想象力的孩子能运用

文学作品、电影与充满情绪震撼力的影像，启发自己同理他人的能力。

第二部分的主旨在于帮助你的孩子养成同理的习惯。

- **自我调整**（self-regulation）——能帮助孩子学习管理强烈的情绪，并减少痛苦悲伤，使他有余力帮助他人。
- **练习行善**（practicing kindness）——使孩子更关心他人的幸福与感受。
- **与人合作**（collaboration）——有助于孩子与他人合力达成对大家都有益的共同目标。

第三部分提供的方法，可以帮助你的孩子活出有同理心的人生。

- **道德勇气**（moral courage）——使孩子有勇气直言己见，挺身而出帮助他人。
- **利他领导能力**（altruistic leadership abilities）——可激励孩子以行动改善他人的现状，不论这改变多么微小。

本书的目标是让你的孩子将上述九项同理他人的能力变成终身习惯，使他能够获得同理心优势带来的好处。你可以每个月选一项技巧，每天与孩子练习几分钟，直到他可以自然而然运用这些技巧，不需要他人提醒。如果能把培养同理心的练习变成全家人的活动，让所有家庭成员一同练习，那就更好了。最重要的是，提醒你的孩子："就像练习吉他、足球或九九乘法表一样，我们越常练习表达善意，就会变成一个越和善的人。"

同理心始于人际联结

着手写书期间，我经历了许多令我深受感动的事。其中一件事深深烙印在我心中，因为它印证了一件事：同理心是建立在面对面的人际联结之上。当时我在卢旺达的一个聋哑育幼院，那儿有一群遭到父母遗弃的孩子，他们的祖父母因大屠杀而丧生。我送给每个孩子一个背包，里面装了铅笔、尺子、口香糖、记事本、糖果，以及一封某位美国儿童的亲笔信。当这群孩子收到背包并一一拿出背包里的小礼物时，他们全都兴奋不已。

但是，我看见有个男孩脸上露出的却是近乎发狂的表情：他把背包里的东西全都拿出来，小心地把这些东西摆好，然后继续在背包里翻找东西。更多铅笔？更多糖果？另一把尺子？不，不是这些东西，他急切地在寻找某个东西。突然间，他找到了他想要的东西——另一个孩子写给他的信。这孩子把信拿在手中，闻了闻它的气味，然后小心翼翼地展开这张纸。我走近他，跟着他一起阅读信的内容。

你好，我的名字是雅各布。我今年10岁，住在明尼苏达州。我查过地图，找到了你的家乡基加利。我放了一些东西在这个背包里，当我放这些东西的时候，心里一直想着你。我希望你喜欢这些礼物，并且有美好的一天。

这男孩以饥渴的眼神消化信中的每个字，并将这封信读了好几遍。然后他用手把信压在胸口，紧紧捏着它，开始哭泣。他抬头看着我，指着自己的眼泪（和我眼泪），用手语比出“爱”这个字，然后指着那封信，把它当作最珍贵的宝贝。那个可爱的孩子只是想知道，这世上有人关心他。世界上任何一个地方的任何一个孩子，都是如此。

我真希望雅各布能在场亲眼看见，他写的信对他的新朋友所产生的巨大冲击。这个经验将会帮助他明白，同理心具有影响他人生命的力量。

Part 1

培养同理心

只关心自己的心态会扼杀同理心，不论以何种形式表现出来，更别提慈悲心了。当我们的眼中只有自己，我们的问题与所心系的事物会显得越来越巨大，而我们的世界却因此变得越来越小。然而，当我们把目光投向别人，我们的世界就能变得越来越开阔。

——丹尼尔 · 高曼（Daniel Goleman）

《SQ：I-You 共融的社会智能》

1

有同理心的孩子能辨识各种感受

·教导情绪素养·

有一次，我到加拿大阿尔伯塔省北部的麦克默里堡提供咨询，当地的教育主管对我说："你一定要来观察三年级学生学习情绪素养的神奇方法。"第二天，我来到一间教室，教室里有26个八九岁的孩子，他们坐在一张巨大的绿色圆形地毯上。我加入他们，坐在地毯边缘，和他们一起等待一位最特别的老师到来。

"不知道他会不会变得更爱笑了？"一个男孩说。

"我希望他看到我们会很开心。"另一个男孩说。

"不要做出大动作，他很容易被吓到，"一个女孩提醒大家，"乔舒亚需要一点'暖身时间'。"

我向这群学生保证，我一定会乖乖守规矩。不久后，一位母亲抱着一个男宝宝进教室，这群孩子开始对这位小老师唱“欢迎歌”：“乔舒亚宝宝，你好吗？乔舒亚宝宝，你今天好吗？”

这位母亲是小区的义工，她轻轻地把儿子放在地毯的中央。从这学期开始以来，这是乔舒亚第三次来到这里。这群孩子看到乔舒亚在短短几个星期内的改变，都感到非常惊奇！根据玛丽·高登（Mary Gordon）所设计的“同理心根源”（Roots of Empathy）课程，这对母子还会再来6次。我那天目睹了一堂精彩的40分钟情绪素养课，这堂课的老师是一个还不会说话、头发稀疏的7个月小宝宝！这群小学生通过小宝宝的脸部表情、肢体语言与发出的声音，学习了解与解读情绪。

“乔舒亚今天的心情怎么样？”一位受过训练的“同理心根源”指导员问大家。她利用经过精心设计的问题，帮助这群孩子为宝宝的情绪贴上标签，进而了解自己的情绪：“什么事会使你感到生气？”“你在什么时候会觉得沮丧？”

然后指导员把问题导向帮助孩子考虑他人的感受：“如果有人生气了，你是怎么知道他在生气？”“如果有个朋友心情很紧张，我们可以怎么帮他？”

于是，学生回想、观察与思考别人的情绪状态——这是脱离以自我为中心的完美体验！

接下来，指导员请全班同学试着体察“他们的宝宝”的感受。她说：“乔舒亚没办法告诉你他想要什么，只能用自己的身体来传达，你觉得现在他在想什么？”

“他正在猜想我们想做什么。”有一个孩子说。

"继续观察，"指导员给他们更多指示，"你觉得他现在有什么感觉？"

"或许他有点紧张。"另一个孩子说。

"你们看，"一个孩子指着小宝宝，"他的手握成了拳头。"

"大家一起对他微笑，让他知道一切都很好！"

于是所有的孩子都对小宝宝露出柴郡猫式[①] 的大大微笑。乔舒亚立刻察觉到这个举动，他看到大家的笑脸，也跟着露出笑容。

"乔舒亚在学习同理心。"我身旁的一个孩子悄声对我说。

我同意他的看法，但很显然，正在学习"感同身受"的人不只有乔舒亚宝宝。在那天，一个7个月大的小宝宝帮助了26位小学生掌握一些重要的概念，例如试着体察、辨识他人的感受，考虑他人的需求，以及表达善意。这也是个完美的方法，帮助孩子"感同身受"另一个人的感觉。

在那之后，我又参观了几个上"同理心根源"课程的班级，也访问过数十位指导员、家长与老师。每次这样的经历都带给我启发：这是个锻炼孩子用心体察他人感受的有效方法。学生的反应也印证了这个看法。

"这个课程教导我，每个人的感受各不相同，所以我要尊重每个人的个体性。"一个10岁女孩说。

一个11岁男孩也得出这样的结论："'同理心根源'教导我明白，虽然每个人的外表不同，但内在其实没有太大的差别。"

自2000年以来，"同理心根源"课程经过比较研究与随机对照研究的评

①《爱丽丝漫游奇境》中咧嘴嘻笑的猫，它即使身体消失，仍留下露齿的笑容。

估，以衡量参与课程的学生在行为上的改变。学者分别在三大洲进行独立研究。英属哥伦比亚大学进行的一项大型研究，将上过“同理心根源”课程的学生与对照组进行比较，结果发现“同理心根源”课程参与者的“主动攻击”（以冷酷无情的攻击手段达成目标）倾向下降了88%。毋庸置疑，此课程的成效非常惊人，尤其当儿童霸凌已成为众人非常关切的议题时。这个课程真的找出培养同理心的方法了吗？我想要了解更多，于是决定去访问课程创立人。

“同理心根源”课程于1996年由玛丽·高登创立。高登来自加拿大纽芬兰省，她是一位温暖、优雅、说话轻柔的女性，她的第一份工作是幼儿园老师。当她与家庭进行一些活动时，曾目睹大人对儿童施暴的行为，于是创立出这个课程。“当我意识到，暴力或虐待对孩子的人生所产生的毁灭性影响……我便下定决心要找出打破这个暴力循环的方法。”她说。

高登也发现小宝宝具有神奇的力量，可转变一个孩子的人生，她还告诉我戴伦的故事。戴伦是个八年级学生，曾两度留级，因此他比班上同学年长2岁。戴伦在4岁时曾目睹母亲遭人杀害，接下来，他被安排到寄养家庭生活，而且一连换了好几个寄养家庭。他希望所有人认为他是个强悍的人：他把头发剃光，只在后脑顶端把头发留长，绑成马尾，而且在后脑勺刺青。但事实上，他是个内心受伤很深的孩子。

戴伦的班级有“同理心根源”课程。有一天，一位母亲带着6个月大的宝宝来到教室，她告诉班上的同学，她的宝宝不愿意接受安抚。此时，出乎众人的意料，戴伦问那位母亲，可否让他抱一下小宝宝。那位母亲有点担心，但她还是把宝宝交给了戴伦。

“戴伦把宝宝抱到一个安静的角落，在怀里来回摇了几分钟。”高登说，“后来，他把宝宝抱回来并问那位母亲，‘如果一个人从来没被人爱过，你觉得他仍然能成为一个好父亲吗？’”

高登当下意识到，要养育出一个关心他人且充满人性关怀的孩子，最大的关键在于童年的依恋关系。她也明白，孩子必须先亲身体会同理心是什么，才能拥有同理心。此外，孩子也必须积极学习适当的语言，向周遭的人描述同理心的感觉。在高登辅导的孩子当中，若是有人无法在家中获得足够的同理心体验，她就会请一位家长带宝宝来到教室，让孩子有机会激发出同理心。

高登向我详细说明她所谓的“情绪素养”是什么。“学习阅读非常重要，但学习与人联结同样也很重要。具备情绪素养的人能了解自己的感觉，知道如何用语言把这些感受描述出来，并且了解他人的感觉；若欠缺情绪素养，我们每个人基本上都是孤岛。因此，我们要培养孩子的情绪素养，教导孩子：根据你观察小宝宝时学习到的语言，了解自己的感觉。”高登找到了一个完美的方法，她通过小宝宝教导孩子了解与解读各种感觉，并在这个过程中学习感受他人的感觉。

全世界有 10 个国家的 80 万名孩子接受了这个课程，他们通过小宝宝了解自己的各种感觉。华盛顿特区有 5 所小学采用“同理心根源”课程，我造访了其中一所学校——莫瑞小学（Maury Elementary）。这个课程收到了很好的效果，其成效在一名 10 岁的学生身上尤其显著。凯恩住在华盛顿特区里最贫穷、暴力最泛滥的小区中，他放学回家后不可以出门，因为那个地区帮派横行、安全堪忧（有好几个学生都对自己的人身安全表示出同样的忧虑）。

他说，他刚到这所学校时，情况“有点不顺利”。

“这所学校里的人有些不是很和善，”他说，“但现在情况已经不同了。”

“怎么说？”我问他。

“有个人带了小宝宝来学校，结果每个人都因此改变了。我们好像都变得更有人性了，”凯恩说，“当你有了同理心，自然就会变得更和善。同理心会帮助你变得更亲切。”

学习体察他人的感受

你 2 岁大的孩子看到你流眼泪，会用手抚摸你的脸。你家那个上小学的孩子看到他的朋友心情不好，会把手臂搭在同伴的肩膀上，并对他说：“没关系，情况会好转的。”你家那个十来岁的孩子看到你的父亲露出疲惫的表情时，会说：“爷爷，你累了吗？需要抱一下吗？”

这些都是情绪素养的实例——辨识自己与他人的情绪的能力。我教导年幼的孩子时，通常把这个习惯称为“试着体察别人的感觉”。在同理心的九大习惯中，情绪素养的培养是本书提出的第一个习惯，同时也是最重要的习惯。（同理心的九大习惯将会为你的孩子带来同理心优势，进而创造快乐与成功的人生。）情绪素养不是天赋异禀，而是一种可以教给孩子的能力，可以趁孩子还在学步期时就教他……不过事实上，在更早的时候，当孩子还在婴儿时期，我们若能敏锐察觉与回应孩子的感觉，就能种下情绪素养的种子。

情绪素养是获得同理心的关键。在能够同理他人之前，你必须要能够解读你自己与他人的情绪，唯有如此，你才能体察他人的感觉（“她正在微笑……我猜她现在很快乐？”“她的肩膀下垂……或许她现在很累。”“我难过是因为他很难过……”）。

情绪素养是激发孩子关怀他人的要素，要拥有情绪素养，第一步就是试着体察他人的感受。孩子若要激起内在的同理心，需要先学会辨识、了解与表达情绪。

事实上，相较于情绪素养较低的孩子，受过感觉训练的孩子显得更聪明、更和善、更快乐，而且更有韧性。情绪素养对于孩子未来成就的重要性，在世界各地一再获得印证。不论在哪个国家进行测试，科学家都发现，能够通过非语言线索解读情绪的孩子，情绪调适力更强、人缘更好、更活泼外向，大致上也比较敏感。此外，相较于未曾学习考虑他人需求与感受的孩子，情绪素养高的孩子身体比较健康，学业成绩也比较好。

教导孩子学习体察他人的感受，也是理想的教养方式中很重要的一环。它是培养同理心时第一个要养成的习惯，因为这个习惯是我们与孩子建立亲密关系的基础，同时使孩子能够联结他人的感受，同理他人。我们可以教导孩子如何辨识与察觉别人的感受，但首先，我们要教他们试着去体察别人的感受。

为何我们难以体察他人的感受？

如果我们懂得帮助孩子体察他人感受的方法，那么，是什么导致孩子的同理心急剧下滑？遭误导的教养方式，以及随时联机上网、以自我为中心的社会文化，使得我们的孩子失去了真正与人面对面接触，以及学习情绪素养的机会。

我们活在“随时联机上网”的文化中

大量的面对面沟通，是形成健康的情感互动的唯一方法，也是学习了解情绪与培养待人接物技巧的最佳方法。长时间盯着手机屏幕、发短信、发微博及在线聊天，这些活动无法教导孩子情绪是什么。8~18岁的孩子平均每天使用数字媒体设备的时间，大约为7小时38分钟（用手机发短信或聊天的时间尚未纳入计算）。8岁以下的孩子当中，有接近75%在家会使用某种“智能型”移动设备。4~6岁孩子平均每天花4.6小时观看电视或使用计算机。几乎有40%的2~4岁孩子，会在日常生活中使用智能手机、MP3播放器或者平板电脑。一项最新的研究指出，有30%的孩子初次使用移动设备的年纪，是还在包尿布的阶段。

你可以自己算一下：假如孩子晚上睡觉 7 小时，白天上学与从事其他活动的时间为 8~9 小时，每天还要发送 100 条短信，那么他们与别人进行面对面互动的机会，就变得少之又少了。但事实上，只有面对面的互动（而非数字信息交流）才能培育同理心。太大量的在线沟通代表我们的孩子正逐渐丧失培养社交技巧的机会，这也可能会危及我们与孩子的关系。

“美国数字未来中心”的一项调查发现，认为与家人互动时间减少的家长，其比例在 2 年内翻了 3 倍。不少家长也表示，与家人相处的时间会减少，主要是因为大家使用网络的时间增加了。这个现象令人担忧，因为它代表我们的孩子联机上网的时间增加了，与人面对面联结、培养情绪素养，以及练习应用同理心的机会减少了，我们也逐渐丧失了与孩子联结的宝贵时间。基于这些重要的理由，我们必须创造“神圣的下线时间”，把与家人的互动放在优先地位，不让为人父母的影响力屈居于数字世界之后。

我们对男孩与女孩有不同的期待

大多数家长会说，“我对每个孩子说的话都一样”，但专家有不同的看法。对于“情感指导”，我们会因为对象的性别而有不同的反应，而女孩得到的待遇远比男孩好。

同样是 2 岁的孩子，母亲往往较多与女儿讨论与解释感觉方面的事，而较少与儿子讨论这方面的事。这种差别待遇几乎立刻反映在男孩与女孩的行为上。研究显示，孩子发展到 2 岁半时，女孩解读面部表情与肢体语言（“他露出微笑……他很快乐。”“她看起来很累：她正在揉眼睛。”）的能力，要比同年龄的男孩高出很多，这种情况使女孩在情绪素养上占有更大的优势。我们对 4 岁的女儿会更常使用情绪方面的语言，如快乐、悲伤与担心等，对 4 岁的儿子则不会如此。而且男女的待遇差别会随着年龄的增长持续扩大。

我们也比较常和女孩讨论与情感相关的经验（“你有没有发现当我们去看奶奶时，她有多么高兴吗？”或者“当你发现你的朋友因为狗叫而感到害怕时，握住她的手可以使她不再那么害怕！”）。这些情况可以给女孩更多机会练习“谈论情绪”。我们也会更常向女儿强调与情绪相关的情境与实际经验（“那个女孩因为没有人和她玩，看起来有点难过。你看到她的眼神和嘴角了吗？你可以做什么事，让她开心一点？”）。

我们经常与男孩讨论的是情绪的原因与结果，而遗漏了可能帮助他们培养情绪素养的重要线索：“当其他的孩子取笑你，不要让他们看见你因为他们的取笑而难过。”“你太爱哭了，要勇敢一点！”不经意的细微教养行为，可能灌输给孩子错误的观念，使他们认为女孩应该要敏感一点，而男孩应该要控制自己的情绪。

男孩并非天生就欠缺体察他人感觉的能力。著有广受好评的《教养新好男孩》（*RealBoys*）的哈佛大学心理学家威廉·帕列克（William Pollack）指出，21个月大的男孩能够自然展现出感同身受的能力，包括想要向受苦的人伸出援手。然而，我们往往鼓励女孩与他人分享自己的感觉，而告诉男孩“勇敢一点”“不要哭”“不要表露你的情绪”。雄性激素不会抑制同理心与情绪素养，但不经意的错误教养方式却会。

我们活在步调快速、充满纷扰的世界中

“她总是在打电话，讨厌死了！”“我不喜欢他打手机，这会使我很难过。”“我真希望当我们一起看电视时，他不要玩手机。他的行为让我觉得他比较关心的是他的手机，而不是我。”当我们批评孩子随时联机上网的习惯时，我们的孩子也对我们做出这样的抱怨！没错，我们的孩子也对我们的行为发出怨言。

一项针对全美范围的调查发现，62%的学龄儿童表示，当他们想与父母

说话时，父母往往心不在焉。让父母分心的首要原因是手机。学者在快餐店仔细观察，确认了孩子的抱怨是有根据的。发表在《儿科》(*Pediatrics*)期刊的一篇研究发现，当父母的手机放在手边时，他们的注意力会集中在手机上，而非孩子身上。每一个滑手机屏幕与打字的动作，都代表我们错失了与孩子面对面聊天以及培养孩子同理心的机会。

在另一个研究中，研究者让年幼的孩子连续穿戴录音设备好几个月，然后分析家中的声音。结果发现，电视的声音会使亲子互动减少。电视的背景声音每出现1小时，父母对孩子说的话就减少500~1000字。30%的家庭坦承，他们在家会开着电视（即使没人在看），这使得孩子每天有233分钟会暴露于电视背景声音中。长期累积下来，这些时间对孩子的语言与情绪素养的学习、社交发展，以及与大人的面对面互动，都会产生重大的影响！

要为网络时代的孩子培养情绪能力虽然有重重阻碍，但仍有解决之道。事实上，新的科学研究显示，婴儿一出生就具备体察他人感受的能力。但父母必须通过简单而传统的方法，不断与孩子面对面地来回聊天、问答，以培育孩子关怀他人的能力。

科学事实：我们如何辨识他人的情绪

在孩子能“从别人的立场看事情”之前，必须先发展出解读面部表情、手势、姿态与语调等非语言线索的能力。过去10年来，科学家的研究取得了革命性的收获，他们发现婴幼儿对于情绪的了解远比我们想象的多更多。

这些发现告诉我们，人类几乎一出生就拥有同理心！

新生儿展现体察他人感受能力的时间，远比许多家长所想的还要早很多。当家长发现这个事实时，大多感到很惊讶。马斯丘夫妇（Jenny and Bryne Masche）在拍摄电视节目时，发现了这件事。马斯丘夫妇对于自己生的六胞胎（没错，一次生了6个）颇引以为豪，我在“抚养六胞胎”（*Raising Sextuplets*）节目的某一集权充“教养专家”，协助他们搞定六胞胎当中“最难搞的两个”。

在拍摄节目的空当，六胞胎的父亲让我们看了一段他儿子第一次剪头发的影片。在影片中，我们看到格兰特（六胞胎之一）坐在椅子上，对于这纪念性的一刻显得不太开心。妈妈剪下第一撮头发时，格兰特就开始啜泣；第二剪刀下去时，他开始号啕大哭。但这一次，格兰特有一大队支持者：他的5个同胞手足听到他在影片中大哭的声音，突然间，沙娃娜、贝丽、莫莉、科尔与布雷克也开始大哭，因为他们听到自己的手足在哭。而格兰特看到他们哭，也跟着啜泣。这6个最多只会说4个字、还在包尿布的幼儿，因为感受到彼此的难过，于是一起放声大哭！这情况叫作“情绪感染”，它是同理心的要素，因为它帮助孩子“对他人感同身受”。事实上，新生儿也能察觉到别人的痛苦。

婴儿是天生的同理者

你在医院的新生儿室可能目睹过“全员齐哭现象”。当某个新生儿听见另一个婴儿在哭，他就会跟着一起哭，很快，所有的宝宝都一起哭了起来！

我们怎么解读这个现象？研究者向新生儿播放经过设计的录音片段，发现了惊人的事实。

在一项研究中，出生一天的新生儿听到另一个新生儿的哭声录音时，就开始跟着哭。若他们听到的是自己或者 11 个月大的宝宝的哭声录音时，却没有任何反应！才刚出生一天，新生儿就展现了天生的社交能力，想要与他人联结。纽约大学的知名心理学家马丁・霍夫曼（Martin Hoffman）认为，与他人一同哭泣的天生倾向，“似乎是同理心最早的前兆”。

小宝宝喜欢看人脸、喜欢直视他们眼睛的人，还比较喜欢听人类说话的声音（尤其是自己妈妈的声音）。为了证实这个现象，研究者让婴儿看两张脸：一张脸的眼睛直视着他，另一张脸的眼睛望向旁边。结果，小婴儿花比较多时间看着目光直视的脸，他们比较喜欢看目光直视他们的人（请记下来：要帮助婴儿学习解读情绪，最棒的玩具就是你的脸……而且不花你一毛钱！）。

这 10 年来最有趣的发现或许是：科学家试着破解婴儿的大脑内部对于情绪的理解。在实验中，38 名 10 个月大的婴儿由母亲抱着，头上戴着附有 8 个电极的小型头套。然后，研究人员向这些婴儿播放女演员大笑或哭泣的影片。当宝宝看见女演员大笑的影片时，他们也露出微笑，他们大脑的左前额叶有活跃的电波活动。当他们观看女演员哭泣的影片时，脸上则露出忧郁的表情，有些宝宝甚至哭了，他们大脑的右前额叶呈现活跃的状态。这个由内森・福克斯（Nathan Fox）与理查德・戴维森（Richard Davidson）所进行的研究现在已广为人知，并且开启了情绪神经科学，以及情绪的脑神经基础的研究领域。科学研究再次显示，婴儿天生就具备关心他人的能力！

加州大学心理学教授艾利森·戈波尼克（Alison Gopnik）在著作《摇篮里的科学家》（*The Scientist in the Crib*）[与安德鲁 N. 梅尔佐夫（Andrew N. Meltzoff）和帕特利夏 K. 库尔（Patricia K. Kuhl）合著]中，透露了一个她与快2岁的儿子之间的感人小故事。有一次，戈波尼克因为过了不顺心的一天而泪崩，这个举动引起她儿子的关切。这个还在学走路的小娃儿跑开了一会儿，拿了一大盒创可贴回来，然后在妈妈全身上下贴满创可贴，试图让妈妈的眼泪和“疼痛”消失。在一个学步小娃儿的认知中，这是“让妈妈觉得好过一些”的最好方法。

这当然是一个充满关怀的举动，却也同时显示，觉察感觉的能力会激发亲社会行为。这个小小孩明白“眼泪代表难过”，因为他曾经体验过泪珠滑过自己脸庞的感觉，因此，他决定要做点什么让妈妈好过一些。

解读他人的痛苦所传达的微妙信息，是同理心的另一个指标。孩子约在 2 岁时会开始展现真正的同理心。虽然 2 岁以前的宝宝在看到或听到别人哭时，也会跟着哭，但孩子要到 2 岁以后，才会有“想要让情况变好”的意图。他们不只感受到你的痛苦，还会试图解除你的痛苦。这个年纪的孩子已经明白自己是和别人不同的个体，而且别人也会有难过的感觉，他们也明白，别人有时也需要安慰、创可贴或拍拍，即使他们自己没有这个需求。这是个多么神奇的时刻啊！

“真正的同理心指的不只是对他人感同身受，”戈波尼克、梅尔佐夫与库尔解释道，“真正的同理心还意味着，明知自己没有遭受痛苦，却仍然关心他人。”

在接下来的几年，孩子会持续发展情绪素养，同时越来越能通过他人的表情、语调或肢体语言，了解他人的感觉，也会学习更多描述各种情绪的词汇。语言可进一步提升孩子的同理能力。“爸爸，你看起来很难过”或者“我的朋友看起来很害怕”，这类话语显示，孩子已经准备好从“我的世界里只有我”的以自我为中心状态，转变为“不再聚焦于自己”的人，开始能够感同身受与关怀他人。

当然，有能力用语言描述情绪，不保证孩子会愿意与他人分享东西，或者关怀、安慰他人。要彻底开发同理心，还需要适当的养育、身教、鼓励、经验与认知发展。人类体察他人感受的倾向在婴幼儿时期就展现出来，新生儿听到别人在哭泣，也会放声大哭。

如何教导孩子辨识情绪

不是每一种经验都能强化孩子的同理心。同理心源自人际关系，因此，最好的练习方法是让孩子亲身体验情绪张力强大的事件。也因为如此，孩子最理想的老师就是小宝宝，因为小宝宝非常真实、有趣，而且吸引人。通过一次又一次与小宝宝的接触，孩子逐渐学习体察与关心小宝宝的感觉。不过，小宝宝不是唯一的学习渠道，诀窍在于找出适用于你家孩子的方法。

知名心理学教授约翰·戈特曼（John Gottman）发展出“情绪指导”（emotion coaching）这个方法，他的《培养高情商的孩子：让孩子受益一生的情绪管理法》（*The Heart of Parenting : How to Raise an Emotionally*

Intelligent Child）是一本家长必读的好书。大人要帮助孩子了解各种不同的情绪、这些情绪如何产生，以及如何对这些情绪做出反应，借此培养情绪素养与同理心。戈特曼长达30年的研究也发现，家长若使用这种方法教导孩子，将帮助孩子获得同理心优势，使孩子变得更快乐、更有韧性、压力指数较低、调适力更强，而且数学与阅读的成绩更好。我知道这个方法既简单又有效，因为我在自己的班级里见证了它的成效。

瑞奇是个令我终生难忘的孩子。班上的每个人都喜欢他，因为他很关心别人。班上若有任何人心情不好，瑞奇都会跑来告诉我，他拥有体察他人感受的能力。

有一天，我看到他煞费苦心地制作一张卡片。

“这是给我妈妈的。”他羞怯地说。

“今天是她的生日吗？”

“不是，”他说，“我做这张卡片，是因为我妈妈总是让我觉得，我所有的感觉都很棒。”

这使我迫切想知道，这位母亲到底做了什么，让她的儿子“觉得自己所有的感觉都很棒”，以及她如何教出一个如此有同理心的孩子。学校在接下来的那个星期刚好举办了活动，于是我趁机观察这对母子的互动。事实上，我所观察到的这对母子互动时间不超过1分钟，但这位母亲的沟通方式实在太赞了。我看见她走向瑞奇，倾身与孩子面对面，她的眼睛只看着瑞奇的眼睛。当瑞奇说话时，她全神贯注地听他说话，完全不理会其他事。他们两人心灵相通。

瑞奇的母亲接收到的不只是孩子所说的话，还有那些话语中蕴含的感受。她用简单的话语确认孩子的感觉："你很开心！"或者界定他的情绪："你一定因此觉得很自豪。"或帮助他反思："那件事带给你什么感觉？"在我的眼中，瑞奇整个人散发着耀眼的光彩。

瑞奇的母亲充当瑞奇的"情绪教练"，帮助他了解各种情绪。"同理心根源"的指导员也运用类似的方法，通过问题帮助孩子反思他们的"老师"——小宝宝的情绪状态。你可以通过以下五种方式运用这个策略教导你的孩子。

- **充当情绪教练**——在自然的情况下，与孩子面对面地联结他的情绪，倾听他所说的话，然后像瑞奇的母亲一样，确认孩子的感受。如果你想要了解更多情况，请参考前述戈特曼的著作《培养高情商的孩子：让孩子受益一生的情绪管理法》。
- **借助小宝宝之力**——如果你的周遭有小宝宝，你可以考虑在家里采用"同理心根源"方法。若家里有新生儿（或表弟妹、邻居的小孩），或者是在孩子的玩伴圈或小团体里，有哪个妈妈刚生小孩，你就可以引导孩子观察小宝宝，帮助孩子了解各种感觉。
- **养一只小狗**——你的孩子是否央求你养一只小狗？动物也是教导情绪的参考对象："你看多多的尾巴，你觉得它想表达什么？""你怎么知道咪咪是不是在害怕？"如果你家孩子年纪稍微大一点，你可以问他是否愿意到流浪动物收容所当义工，或周遭是否有动物可以让他照顾、训练并观察其情绪。
- **教导另一个孩子**——如果你家孩子年纪稍微大一点，你可以鼓励他教导在阅读、数学、运动、美术、音乐或其他领域需要帮助的孩子。找个方法让你的孩子帮助其他人，让他通过这种经验体察他人的感觉，并学习什么会使他与他的“学生”产生共鸣。

- **与长辈视频通话**——利用 Skype 或 FaceTime 进行视频通话，是让孩子与亲人面对面联结的好方法。在通话前让孩子回想对方的情绪状态，有助于培育同理心。“你怎么知道她的心情好不好？”“你觉得奶奶会和你们上次讲话时一样，那么容易累吗？她脸上的什么表情会让你知道该结束通话了？”

培育同理心的利器：体察他人的感受

教导孩子精确觉察各种感觉，可提升孩子的情绪素养，也是培育同理心与同情心的第一步。你可以从下列四个步骤开始做起，一步步地培育孩子的同理心。请你在日常生活中与孩子演练，一次只练习一个步骤，当孩子充分学好一个步骤后，再练习下一个步骤。

步骤 1：放下一切，彼此联结

同理心始于倾听对方说话，因此，当你与孩子联结时，请暂时放下一切，腾出时间，与孩子联结彼此的感受。不要让数字设备阻碍家人之间的联结。请你订下并严格执行 4T 规定：不传送信息（No Texting）、不玩手机或平板电脑（No Tapping）、不打电话（No Talking on a cell）、不看电视（No TV viewing）。

步骤 2：面对面，直视对方的眼睛

孩子需要通过目光接触学习觉察他人的情绪，因此，当你与孩子沟通时，请与孩子面对面，平视孩子的眼睛，然后要求孩子遵守一个习惯：永远要看着对方的眼睛。这个原则可帮助孩子利用目光接触，捕捉对方的表情、语调与情绪线索。提示：若要帮助孩子自在地直视他人的眼睛，可以全家人一起玩瞪眼游戏——盯着对方的眼睛看，不把视线移开，看谁能撑最久。如果你的孩子对于目光接触感到不自在，可以告诉他“看着对方的鼻梁”。

步骤 3：聚焦于感觉

为各种感觉贴上标签，有助于培养同理心，并帮助孩子学习描述感觉的词汇。有三个简单的方法可以协助孩子聚焦于感觉。

- **说出描述感觉的词汇**——“你看起来像是在生气。”“你似乎有点沮丧。”“你的语气透露出你心情很烦。”
- **提出联结对方感觉的问题**——“你很生气（紧张、焦虑、担心、沮丧、愤怒）吗？”
- **将身体姿态与感觉联结**——“你整个人好像垮下来了，你很累吗？”“你的拳头握得紧紧的，你觉得焦虑吗？”

不要评断孩子的感觉，只要以同理心倾听孩子说的话，并确认孩子所描述的情绪。

步骤 4：表达感受

孩子学会描述情绪的词汇后，就需要有机会练习表达感受。高登告诉我："我们总以为，我们问孩子的问题应该从'你觉得某某人的感觉是什么？'开始，但你若是从'你那时一定很生气'开始教孩子，会进行得更顺利。诀窍在于，帮助孩子描述自己的感觉，下次当他们遇到类似状况时，就知道该用什么词汇描述自己的感受。唯有如此，孩子才有能力说'我的感觉就像我上次打钱宁一样'。"因此，你要从"你有什么感觉？"开始问孩子。

唯有当你的孩子能表达自己的感觉时，你才能更改句子的主角，把问句从"你有什么感觉"转变为"他有什么感觉"。这个微小的改变会把焦点从孩子的感觉上转移到他人身上，使他开始考虑他人所关切的事物。

一位住在加州印第奥的母亲欧赛塔，用这种方式帮助孩子谈论自己的感觉。"我告诉我的孩子，如果某件事使你心情不好，而你想让心情好一点，就把你的感觉说出来。"她说，"这就像是吃药，你可能不想这么做，但做了之后总会使你感觉好一些。"

如何帮助孩子养成这些习惯

面对屏幕、传送信息、玩手机，或者对着机器说话，这些活动无法帮助孩子学习了解情绪。因此，第一步是让全家人空出一段不联机上网的时间，让大家把焦点放在彼此身上，而不是在各种电子产品上。

• **检查数字设备的使用情况**——定期检查你家使用数字设备的情形，包括手机、电邮、短信，以及电视、电玩游戏、平板电脑与计算机。一般来说，你们全家人一天当中联机上网的时间有多长？你家需要“重整”数字设备的使用情况，以增加全家人面对面联结的时间吗？如果有需要，就动手规划吧！

• **定出不联机的时段**——凯瑟家庭基金会（Kaiser Family Foundation）的一项研究发现，若家里定下严格的数字设备使用原则，孩子使用数字设备的情况就会减少。请你在家里定下不受任何干扰的家人相处时间（如吃饭时间）与地点（如客厅），并为每位家庭成员设定清晰的数字设备使用规定。

• **检查自己的数字设备使用习惯**——当你的数字设备联机时，你要画出一条清晰的界线，让孩子知道他们是你的优先要务。因此，你必须戒掉不断查看手机的习惯。你可以为重要的电话号码设好提醒功能，每小时只查看手机一次，同时订下规则：孩子和我说话时，我一定把手机关机！

• **一同用餐**——研究显示，每周和家人轻松地一同用餐几次（不受数字设备的打扰），这个小小的举动有利于孩子的社交与情绪发展，以及学业表现。一周最少有一个晚上安排全家人一起聊天，每个人聊一下自己在当天的心情。你可以准备一篮情绪卡，抽一张卡，以卡片上的情绪为聊天主题。例如抽到“自豪”时，你可以问“你这个星期最自豪的时刻是什么时候？”每个人轮流说出自己的经验，以这个句子开始：“这个星期我觉得自豪的时候是……”有些家庭还会投票选出谁的经验最有趣（不寻常、令人沮丧、令人兴奋、奇特）。你也可以改成在孩子的睡前时间，或者当你们在车上时，玩这个游戏。

• **在不联机时段分享彼此的心情**——培养孩子情绪素养的一个简单方法，是向孩子描述你的感受，以及解释你为何有这种感受："我好兴奋哦！我的电脑送来了！"《养出优秀的孩子》（*Raising Good Children*）的作者托马斯·李寇纳（Thomas Lickona）在开车接送孩子时，会把收音机和所有数字设备关闭，然后要求每个孩子问他今天过得怎么样。"头几次进行得不太顺利，"李寇纳说，"但很快，我们就能自在地分享自己当天的心情。"请你找出一个时段，让全家人彼此分享心情。

适用于不同年龄层的方法

能帮助孩子学习情绪素养的方法有很多，其中最受欢迎的一个方法，是由加州棕榈泉的数学老师丹·宾恩(Dan Been）想出来的。宾恩所任教的中学致力于提升学生的同龄人敏感度，但宾恩觉得，学生也应该学习体察老师的心情。于是，他用红、黄、绿三色的纸，剪出圆形的纸卡，然后每天根据他当天的心情，把对应色的纸卡贴在教室门上。

大多数时候，门上贴的是绿色的圆形纸卡（代表"心情好"），而学生不会特别对他说什么。黄色纸卡（代表"要小心！"）曾出现几次，这几天学生会问他："你还好吗，宾恩老师？"

红色纸卡只出现过一次，他的学生在那天显得相当贴心。宾恩的母亲生病了，他希望学生知道他心里很难受。"那些孩子不认识我妈，但他们那天努力地察言观色，想要了解我到底发生了什么事。"他说，"我这才意识到，只要我们允许，孩子可以变得非常敏感，也非常善于体察他人的感受。”

除了使用色卡之外，还有许多方法可以帮助孩子了解情绪。一位母亲告诉我，她把宾恩的方法稍加改变，她用不同颜色的冰箱磁贴代表自己的心情，而她的孩子因此变得更加敏感。

另一位母亲在卧室门上挂上“请勿打扰”的牌子，警告孩子：“妈妈今天心情不好！”结果发生了两件事：她的孩子那天特别努力察言观色；后来当孩子心情不好时，就会向她借那个牌子来挂。“我们学会了体察彼此的心情！”她笑着说。

要有效帮助孩子“体察他人感受”，须采取实用、对孩子有意义且适能、适龄的方法。请找出适用于你家的方法！

- **建立感觉词汇库**——逐渐扩大孩子的“感觉词汇库”，使他们能辨识与了解大量的情绪词汇，并学会在适当场景中运用这些词汇。例如：亲切、生气、恼怒、焦虑、忧虑、糟糕、遭背叛、觉得无聊、勇敢、冷静、有能力、关怀、愉悦、兴高采烈、舒适、有自信、困惑、满足、有合作精神、有创意、残酷、好奇、忧郁、失望、厌恶、分心、狂喜、羞愧、享受、勃然大怒、兴奋、绝妙、恐惧、受够了、自由自在、友善、受挫、慷慨大方、温和、阴沉、有罪恶感、快乐、觉得受伤、被忽略、不耐烦、缺乏安全感、感兴趣、忌妒、喜悦、寂寞、失落、慈爱、不堪负荷、惊慌、平和、哀愁、讨人喜欢、自豪、放松、宽慰、难过、安全、满意、害怕、敏感、认真、害羞、压力大、紧绷、激动、感到困扰、无惧、不舒服、担心。（所有年龄层都适用。）

• **破解非语言线索**——错误解读非语言信息可能导致严重的误解（请留意：10岁出头的孩子特别容易"误判"情绪线索）。因此，你要陈述正确的情绪状态，让孩子知道他的想法是错误的："我知道你觉得我在生气，但其实我只是很累。"然后向孩子示范，各种身体姿态传达了什么非语言情绪线索："我的肩膀下垂代表我觉得压力很大。""我感到很沮丧，不是生气。当我生气时，我会咬牙切齿。"（所有年龄层都适用。）

• **观赏静音影片**——关闭电视的声音几分钟，和孩子一起根据演员的肢体语言，猜测她此刻的感受。咬指甲以及把头发绕在手指上可能代表"她很紧张"，咬紧牙关可能表示"她很害怕"，翻白眼并把眼睛望向别处可能代表"她不感兴趣"，点头与身体前倾代表"她很感兴趣"。（所有年龄层都适用。）

• **利用婴儿相册**——拿出旧相册，和孩子一起翻阅他们婴儿时期的照片。请孩子留意照片中婴儿的情绪状态。"这张照片里的你有什么感觉？""你怎么知道的？""在这张照片里，你觉得哥哥想说什么话？"有些家长会把孩子的婴儿照制作成迷你相册，旁边附加情绪词汇，帮助孩子学习正确辨识各种感觉。

• **当个"感觉侦探"**——当你们在购物中心、超市、公园或游乐场时，与孩子一同观察别人的表情与肢体语言，借此将表情与肢体语言和特定情绪连结在一起。然后在不听见那些人对话的情况下，与孩子一同猜测他们的情绪状态："她的身体姿态看起来怎么样？你觉得她是什么感觉？""听听那个男孩的声音，你觉得他有什么感觉？""你看到那个女孩握紧拳头、皱起眉头吗？你觉得她对另一个女孩说了什么？"（幼儿、学龄儿童适用。）

- **更常使用情绪用语，尤其是对男孩**——女孩听过的情绪用语通常比男孩多很多，这种情况需要有所改善。多和儿子谈论情绪，并允许他们显露与表达他们的感受。提示：男孩在做某件事时，比较容易敞开内心，所以请你和儿子坐下来一起玩游戏、拼乐高积木、做运动，并且反复谈论与感觉有关的话题。请参考萝瑟琳·魏斯曼（Rosalind Wiseman）的著作《策划者和幕僚》（*Masterminds & Wingmen*）。（所有年龄层都适用。）
- **观赏情感强烈的影片**——观赏适当的影片是帮助孩子辨识情绪的有趣方法。请挑选描绘不同情绪的影片，然后帮孩子界定片中角色的情绪，以及你与孩子目睹这些情绪的感受。推荐影片：《脑筋急转弯》《小鹿斑比》《绿野仙踪》《狮子王》《睡美人》《神偷奶爸》，以及“哈利·波特系列电影”。（所有年龄层都适用。）
- **制作感觉小卡片，玩“比手画脚”猜字游戏**——在小卡片上写下情绪词汇。若孩子年纪还小，只使用六种基本情绪：快乐、难过、生气、害怕、惊讶与讨厌。若孩子年纪稍大一点，可逐渐增加词汇数量。然后从杂志中剪下相对应的表情图片，贴在卡片上。把字遮住，只让孩子看图片，请他猜出这代表什么感觉，和他讨论他曾经在什么时候体验过这种情绪。使用这些小卡片玩“比手画脚”猜字游戏：每个玩游戏的人都要抽出一张卡片，只用表情和肢体表达，不可发出声音或说话。这个活动的目的是，通过玩游戏猜出别人想表达的情绪。（所有年龄层都适用。）
- **阅读探讨感觉的绘本**——找一些探讨感觉的绘本，当你读给孩子听时，把书中角色的表情与适当的情绪配对。假设你正在读《穿红睡衣的拉玛》（*Llama Llama Red Pajama*），当你们翻到拉玛宝宝因为妈妈不在而露出害怕表情的那页，这就是体察他人感受的绝佳时机。问你的孩子：“拉玛宝宝的脸看起来怎么样？他为什么害怕？你也学拉玛宝宝做出害怕的表情给我看。你以前有没有像他这么害怕过？”我也推荐艾德·安柏利（Ed Emberley）和安妮·米兰达（Anne Miranda）的《开心怪兽，伤心怪兽》（*Glad Monster, Sad Monster*）、阿丽奇（Aliki）的《我有感觉》（*Feelings*）、伊丽莎白·葛莱莉（Elizabeth Grary）的《我好生气》（*I'm Mad*）、珍娜·凯茵（Janan Cain）的《猜猜我在想什么》（*The Way I Feel*）、苏斯博士（Dr. Seuss）的《我的多彩日子》（*My Many Colored Days*）。（幼儿、学龄儿童适用。）

- **制作小卡片：“你现在是什么感觉？”**——《怪女孩出列》（*Odd Girl Out*）的作者瑞秋·西蒙（Rachel Simmons）发现，许多青春期的女孩难以向同龄人表达自己的感觉（我相信男孩也是如此）。在她所创立的“女性领袖培育协会”中，西蒙采用的解决方法是，当女孩之间产生心结时，她会给每个女孩一张“你现在是什么感觉？”卡，卡片上有20种代表不同情绪的脸部表情（困惑、惊慌、焦虑、遭到背叛、有罪恶感、被利用、缺乏安全感、忌妒……），每个女孩指出代表自己心中感觉的表情，这可帮助双方“开诚布公”，重新和好。你可上网搜寻“情绪表情卡”并打印出来，或者让你的孩子从杂志中剪下各种表情的脸孔，贴在纸卡上。这种卡片也有助于化解家人之间的小争执或重启对话。（学龄儿童、青少年适用。）

体察他人感受的五大须知

1.当面的接触，是孩子学习觉察情绪与培养同理心最好的方法。

2. 一般来说，孩子每天使用数字设备的时间高达 7.5 小时以上，这会剥夺他们与家人联结的时间，也会失去养成同理心的重要习惯的机会。

3. 实质、有意义、充满情感波动的亲身体验，是帮助孩子了解情绪的最佳方法。

4. 孩子需要学会情绪词汇，才有能力讨论情绪，也需要有人指导他们如何使用这些词汇。唯有如此，才能培育出孩子的情绪素养。

5. 相较于儿子，家长更常与女儿讨论与解释各种情绪，以及鼓励她们与人分享感受。

最后的叮咛

科学证实，婴儿一出生就具备社交与关怀他人的潜能，但没人能保证所有的孩子都会发展出这些能力。情绪素养的习惯与技巧是培养出来的。把情绪词汇教给孩子，引导他们谈论、分享自己的情绪，以及体察他人的感受，这些对于教养出有同理心、不只顾自己感受的孩子，至关重要。体察他人感受的能力可使孩子对别人的感觉保持敏感度，也有助于他们从别人的角度思考事情。教导孩子养成这些习惯，可让他们拥有强大的同理心优势：善于辨识、了解与表达自身情绪的孩子，将来会比较健康、有韧性、受欢迎，学业成绩比较好，也更乐于帮助他人。

所谓的快捷方式并不存在。家长唯有始终与孩子进行高质量的面对面沟通，不让数字设备打扰这些互动，才能创造深厚的情感联结。孩子获得越多面对面的联结，越少使用电子产品，就越有可能开发出潜在的同理心。而这一切始于体察另一个人类同胞的感受。

2

有同理心的孩子拥有道德认同

·建立伦理守则·

在20世纪50年代的战后时期，孩子可以无忧无虑地玩耍，玩具都不需要充电，他们还拥有真正的“童年”。在那个时代，一个名叫切斯利（Chesley）的男孩在得州丹尼森的郊外长大。他的成长过程完全符合《欢乐时光》(*Happy Days*)里的情景：周末总是去露营、远足和钓鱼，偶尔到城里唯一的戏院看看电影。

在切斯利家里，价值观是很重要的一部分。他懂得尊重别人，因为他的父母教他要恭敬地对待长辈。父母也给他灌输了强烈的社会责任感与工作伦理，而这些价值观影响了他的一生。帮忙做家务是理所当然的事，周末也要7点起床给父亲帮忙。切斯利和姐姐表示，他们从父亲身上学到“任何事都有可能”的道理，从母亲身上学到“服务”的人生态度。

全家人一起吃晚餐时，他们通常会把食物放在托盘上，一边吃饭，一边看美国国家广播公司的新闻节目“亨特利–布尔克利报道”。1964年3月的某个晚上，他们在这个节目上看到一则报道：一位名叫基蒂·吉诺维斯（Kitty Genovese）的年轻女性在她居住的纽约公寓前遭人刺死。警方表示，有38名目击者听到她呼救的声音或目睹凶残的行凶过程，却没有人出手相助。据说，他们的理由是“不想牵连其中”。

吉诺维斯的邻居展现出的冷漠行为，对切斯利产生了巨大的影响：“没有任何人出手相助”这件事一直在他的脑海盘旋。它与切斯利所有的信念背道而驰，也违背了他的自我认同。因此，他在那天暗自发誓：“如果我看到某人像吉诺维斯一样需要帮助，我一定会毫不犹豫地采取行动。”切斯利回忆道：“我会竭尽所能，不抛下任何一个人。”

这个 13 岁的男孩并没有把这念头写下来，这个誓言只是他对自己人生态度的期许：关心别人的处境，绝不袖手旁观。虽然切斯利一生中遇到的许多人与人生经验，塑造了他的自我认同，但那个誓言定义了他的道德认同，并且跟随他长大、读大学、工作及建立家庭。不过，一直要到 45 年之后，这个誓言才展现其不朽的意义。

2009 年 1 月 15 日，这个得州男孩的童年梦想终于成真，此时他已经是一名机师。切斯利所驾驶的全美航空班机从纽约拉瓜迪亚机场起飞后不久，遭到一群雁鸟撞击，导致飞机的两个发动机都失效了，安全降落的唯一选项，是迫降在哈德逊河上。于是，这个成长于丹尼森的男孩，也就是切斯利·“萨利”·萨伦伯格（Chesley “Sully”Sullenberger）机长，奇迹般地让失去动力的飞机平安降落在哈德逊河上，全机 155 名乘客与所有机组人员全数生还。

1549 航班空难事件被称作“哈德逊河奇迹”，也被视为航空史上最杰出的紧急迫降事件之一。曾立誓绝不当旁观者的萨利机长，立刻成为英雄人物。萨利机长信守他的承诺，他是最后一个离开飞机的人。在离开前，他在机舱走道来回巡视了两遍，确定没有任何人被抛下。他用这种方式遵守他曾立下的誓言——“在危难中没有任何人会被弃之不顾”。

这的确是个英勇的事迹，但萨利机长认为，他在那天所展现的正直、勇气与慈悲心，其实是长年累积而来的。“不论在空中或地面，许多令人难忘的经验与人物影响了现在的我，”萨伦伯格后来这样说道，“那些人生时刻仿佛储存在银行里，直到我有需要的那一刻，才将它们提取出来。”

学习培养道德认同

在孩子的自我认同银行里存入有利于社会的形象，使他们认为自己是个关怀他人、有责任感，而且重视他人想法与感受的人，这是建立道德认同的基石。如果孩子能把自己想象成一个关怀他人的人，那么他就比较可能去关心别人。假如某个男孩想象自己会成为一个有义务帮助他人的人，他就比较可能坚守到最后一刻——巡视机舱走道，确定没有任何人被留下来之后，才离开飞机。因此，要养育出有同理心的孩子，道德认同是极为重要的一环。

“你真是个聪明的孩子！”“你真是个天才！”“你的成绩令我感到非常自豪！”当然，孩子的成就令我们自豪。然而，当我们称赞孩子时，往往把焦点放在他们在认知、社交与运动方面的成就，而忽略了同情心、宽厚待人、为他人着想，以及关心他人等道德成就。其实连我们自己都承认：有高达93% 的成人觉得，我们没有灌输给下一代正确的价值观。此外，现在的孩子完全不认为“和善及关怀对待他人”很重要。有 2/3 的青少年认为，自己过得快乐比当一个好人更重要。

然而，上述这些有利于社会的形象，能形成孩子的自我认同。我们通常会做出与自我形象相符的行为。因此，如果我们希望孩子有同理心，就必须让他们将自己视为关怀他人的人，并学习重视他人的想法与感受。所以我们必须帮助孩子了解并珍惜自己的道德感与关怀他人的特质。道德认同会影响孩子人格的塑造与将来的为人，同时也是培育有同理心的孩子并帮助他们顺利发展的要素。

培养道德认同为何如此困难？

每种文化有其独特的价值观，以及对轻重缓急的看法，这些观念都会塑造孩子的自我认同。萨利机长成长于 20 世纪 50 年代，在那个时代，强烈的社会责任感与助人之心是不可或缺的美德。如今，品格已不受重视，成功的标杆也发生了剧烈的变化。现在的孩子以名人为偶像，以追求名利为目标，一切以自己为优先考虑对象，座右铭是“想做什么就去做”。价值观与对轻重缓急看法的巨大转变，使得今日的年轻人不再以尊重他人的观点与感觉为荣，也因此难以形成坚定的道德认同。

以下列出几项现代社会所面临的挑战。

自恋在西方世界开始流行

过去数十年来，自恋的情况越来越普遍，尤其在西方世界。这也表示，过去数十年来，西方年轻人的自恋程度有愈演愈烈的趋势。盖洛普机构曾经专门对 11000 多名青少年进行调查，结果发现，在 400 多个调查项目中，40 年来改变最明显的项目是“自我重要性”。在 20 世纪 80 年代晚期，有超过 80% 的受访者认为自己“非常重要”；在 20 世纪 50 年代，只有 12% 的青少年同意“我很重要”。自恋的得分中值在过去 20 年来也提高了 30%。同意“我喜欢欣赏自己的身体”和“我是个不平凡的人”描述的人数，增加最多。

此外，自恋的趋势仍然在上升当中。这对于帮助孩子发展坚定的道德认同不是个好消息。“应得权益感”强烈的孩子把焦点放在自己的需求与感觉上，根据自己的经验引导个人观点，通过自己的眼睛看世界。他们的眼中看不见其他人，也错失了学习看见别人价值的机会。

父母（与其他人）对孩子过度赞美

有许多因素使孩子将自己锁在“自拍模式”中，但最大的“元凶”之一是，孩子持续得到大量且过度的赞美。在这个时代，每个孩子的手指彩绘涂鸦都被贴在家里的冰箱门上，他们得到的奖牌、奖章与证书被摆在客厅的展示架上，有些家长还会把“我家孩子是荣誉榜学生”的贴纸粘在汽车保险杠上。当孩子有好的表现时，给他们一些鼓励并没有错，但现代父母为了培养孩子的自尊已做到前所未有的程度，甚至已经危及孩子关怀他人的能力。

俄亥俄州立大学进行了一项研究，在一年半内分 4 个时期，对父母与孩子进行意见调查，以了解自恋倾向的发展趋势。研究的结果很明确：在研究一开始就习惯对孩子“称赞过头”的家长，到了研究结束时，孩子们的自恋分数呈现上升趋势。所谓“称赞过头”指的是，父母会对孩子说，他“比其他孩子更特别”“这辈子你应该得到比别人更多的东西”。假如你曾怀疑自己的教养方式是否会对孩子造成影响，这个研究应该可以消除你的疑虑了。“当父母告诉孩子，他们比其他人更特别，孩子会接受这个信念。”进行这项研究的布拉德·布什曼（Brad Bushman）解释道，“这对孩子或社会可能都不是好事。”这也不利于培养道德认同或同理心。

自尊风潮吹入校园、大学与职场

子女教养方式的重大转变也渗入主流文化，使得许多学校刮起“提升自尊”风潮，甚至禁止老师使用红笔，以免红色的打钩记号使学生的自尊发展走偏。美国最大的文具商比百美甚至开始生产紫色的笔（紫色被视为更有安抚效果，而且比较不带有评断色彩），以创造“更和善、温柔的教育制度”。

教练与运动产业也加入这股风潮。某全国性运动协会的其中一个分会，每年大约花费 12% 的预算购买奖牌，以确保每个孩子都获得奖项，让他们觉得自己很特别——即使他们只是“出席活动”。

过度膨胀的自我意识会带来问题：第一，孩子听到越多赞美，就越需要更多赞美。第二，“应得权益感”强烈的孩子觉得这世界欠他们一些特殊待遇。

别人并不重要，我的人生以“我”为中心。而这些以我优先、自我中心的信念会一直跟随着孩子。接下来，这群史上获得最多赞美的一代人，将带着这种“我很特别”的想法进入大学与职场。

大学教授开始抱怨，现在的学生觉得自己应该获得特殊待遇，研究调查也证实了这个看法。2/3的大学生认为，如果他们告诉老师，他们“已经很努力了”，那么老师在打分数时就应该给予特殊考虑；1/3的学生觉得，只要他们上课出席，至少就该拿到B的成绩；甚至，还有1/3的学生认为，如果期末考试的日期与他们的度假计划相冲突，老师应该将期末考试改期。

华尔街的主管对于新进员工期待不断获得赞美也很发愁。《财富》（*Fortune*）500强企业甚至聘请“赞美顾问”，教导主管如何称赞年轻员工。

父母想帮助孩子获得自信是天经地义的事，但我们可能忽略了要教导他们关怀他人。我们可借由科学研究知道，如何通过赞美灌输给孩子坚定的自我认同，同时培育出有同理心、关怀他人且无私的孩子。更重要的是，这些科学发现有最具说服力的来源：拒绝当旁观者的人。

科学事实：如何培育道德认同

过去30年来，我研究过各种培育同理心的最佳方法，与数十位顶尖专家访谈过，读过数千篇文章。然而，当我研究种族大屠杀与人性最黑暗的一面时，我不仅找到了答案，还看见了希望。我所造访的每个大屠杀遗址：奥斯威辛、卢旺达、亚美尼亚、达豪，以及柬埔寨的“杀戮战场”，见证了令人发指的恐怖行径，但也凸显出一群散发人性光辉的人——他们是拒绝旁观的“无私营救者”。社会科学家曾访谈数百位这样的平凡人，希望找出他们行善的动机，结果发现，大多数的无私营救者对于人性有坚定的信念，他们关心别人的想法与感受。一位营救者解释道：“我非出手帮忙不可。”另一个人说：“这就是我的为人。”更令人感兴趣的是，大多数人将自己的善举归功于父母：父母传递给他们的信念，使他们拥有坚定的道德认同。

每个孩子身上都有成为无私、利他者的潜力。假若我们想教出有同理心的孩子，就必须帮助孩子将自己视为关怀、重视他人的人，而且要在孩子的童年时期就输入这些信念。

教导孩子道德认同的父母

纳粹屠杀了塞缪尔·欧林纳（Samuel Oliner）的家人，但一位名叫鲍薇娜（Baiwina）的波兰农妇营救了欧林纳。欧林纳夫妇后来花了 30 年时间，与在纳粹占领欧洲期间超过 1500 名犹太人的营救者或非营救者进行访谈，以找出为何有些人（如鲍薇娜）愿意置个人生死于度外，而且不求任何回报的原因。这是史上最详尽的研究之一，试图研究在大屠杀期间付诸行动营救他人的人，以及为何有些人如此关心别人的安危。他们的研究成果发表于《利他性格》（*The Altruistic Personality*）一书中，这些结果告诉我们，对于养育出有道德认同的孩子，父母扮演了何等重要的角色。

欧林纳夫妇在营救者身上发现了几个与一般人不同的特点，其中有三个特点格外重要。大多数的营救者具有强烈的同理心：他们就是无法袖手旁观，无法眼睁睁看着别人受苦；许多人也有强烈的自我效能感（self-efficacy），他们认为自己能扭转情况，帮助他人；而绝大多数的人从父母身上学到了关怀他人的价值观，以及社会责任的道德观，这些观念塑造出坚定的自我认同。事实上，若询问这些营救者，父母教给他们什么价值观，有 44% 的人回答“关怀他人或宽厚待人”。相比之下，非营救者比较关注自身的需求，或是觉得自己只需要对一小群人负起协助或照顾的责任。他们的父母往往向他们强调金钱的价值（“要节俭”“找份好工作”），而非强调关怀他人与道德感的重要。

利他主义者觉得有义务照顾他人

加州大学教授克里斯汀·孟罗（Kristen Monroe）也曾对利他主义者进行深度访谈，对象包括慈善家、犹太人大屠杀的营救者，以及做出英勇行为的卡内基奖章得主。她在访谈后进行心理分析，以便了解是什么动机激发了这些人的英勇行为。此研究最重要的发现是：利他主义者看世界的方式与其他人不同。孟罗在其著作《利他主义的核心》（*The Heart of Altruism*）中写道：“一般人眼中的陌生人，在利他主义者眼中是另一个人类同胞。”

孟罗认为，以关怀他人为主轴的自我认同，不仅会影响我们的行为，而且是利他主义的关键要素。她也深信，每个人都具备无私的潜能。然而，我们是否将无私的关怀付诸行动，取决于我们如何看待自己与他人的关系。利他主义者的自我知觉（self-perception）建立在对他人的强烈义务感之上，这使得他们别无选择，只能出手相助。即使如此，这些强烈的信念也不是凭空从天上掉下来的：道德认同必须通过培养才能获得。

他们的价值观已成为自己的一部分

发展心理学家安妮·柯比（Anne Colby）与威廉·戴蒙（William Damon）探讨了关于利他主义的另一个难题：关怀他人的承诺是如何形成的。这两位杰出的学者找出23个“道德典范”（或是基于道德理想长期奔走，致力于改善世界的人），与这些人进行深度访谈，并了解他们从童年开始的生平事迹，最后将研究结果写成了《有些人真的在乎：为道德奉献的当代人物》（*Some Do Care: Contemporary Lives of Moral Commitment*）。

柯比与戴蒙的发现之一是：所有的典范人物都拥有坚定的道德认同，而此道德认同源自他们对人类同胞的责任感。关怀他人的价值观深植于这些人的内心，俨然成为他们的一部分。事实上，柯比与戴蒙认为，这些典范人物之所以对于关怀他人有坚定不移的信念，主要的原因在于他们的自我认同与行善有密不可分的关系。“典范人物的道德认同与自我认同紧密结合，几乎合而为一。”柯比与戴蒙如此表示。诚如一位典范人物所说的：“要我将我的为人，与我想做的及正在做的事区分开来，几乎是不可能的事。”而且他们的道德认同通常从童年时期就开始形成。

利他主义者将自己视为“在乎别人的人”

欧林纳、孟罗、戴蒙与柯比，以及越来越多的社会心理学家都认为，“利他倾向”存在于每个人身上，而且可以在童年时期培育出来。虽然不是百分之百保证，但当某个孩子认为“我是个在乎别人的人”时，他就比较可能对他人伸出援手。然而，要让史上受到最多夸赞的这代人不迷失在以自我为中心的态度中，可能是个相当大的挑战，尤其当他们的父母持续不断给予孩子源源不绝的赞美时。

如何强化孩子的道德感

一对住在加州圣塔玛丽亚的育有4名子女的夫妻，写信向《费尔医生》(*Dr. Phil*) 节目求援。他们的4个孩子都很不听话，而且3岁那个孩子总是在哭闹，因此他们希望能够得到帮助。于是，费尔医生请我和一个拍摄小组去拜访这家人。进入他们家才短短几分钟，我就已经感到精疲力竭。这对夫妇总是在骂小孩，尤其是骂3岁的翠妮蒂。翠妮蒂因为希望得到父母的关注，所以总是不听话，不断使出小动作吸引父母的注意，结果导致她经常被处罚，与其他手足隔离。翠妮蒂过得很痛苦。我那天花很多时间示范正面的管教行为与方法，希望这对夫妇能改掉负面的管教行为。

当我观看拍摄小组拍下的影片时，我看到了一段令人不寒而栗的片段。我看见翠妮蒂躺在床上，不断对自己复述妈妈对她说的话："你是个坏孩子，翠妮蒂。你是个很坏、很坏的小孩。"父母的话，已经成为她在心里告诉自己的声音：她已经将父母传达的极具杀伤力的信息内化，并相信那就是事实。孩子会按照别人对他说的话，成为那样的人，而这是我所见过的最令人心碎的活生生案例。

我们对孩子说的话可能会形成孩子对自己的看法，以及认定自己是什么样的人。太多的夸赞可能使孩子变得以自我为中心、好胜，且习惯于贬低他人。鼓励太少则可能使孩子丧失自信。正确的用语可以帮助孩子将自己视为一个善良、体贴、关心别人的人，并且期望自己的行为能符合这个形象。事实上，当我们为孩子贴上“你是个喜欢帮助别人的人”这种正向的标签时，我们可以引导孩子将自己视为乐于助人的人，他们因此更可能对别人伸出援手。正向的标签也有助于孩子利用这些存在脑海里的自我形象，形成道德认同。你可以采用下列五种经过验证的有效方法。

1. 现实状况——留意孩子对你的鼓励做出什么样的反应，然后观察是否有任何迹象显示你已经过度赞美孩子。

- “我最棒！”（自我中心且忽略他人的贡献。）
- “妈咪，你喜欢吗？”（对赞美产生依赖，需要不断获得肯定。）
- “你不对我说‘你很棒’吗？”（期待或要求获得夸赞。）
- “但是我更厉害！”（贬抑他人使自己心里舒服一点。）

若你一再发现孩子将赞美视为理所当然，或许代表你应该改变对待孩子的方式了。

2. 赞美孩子的品格——在某个设计巧妙的实验中，孩子在看到别人将获得的奖励品捐出去后，也跟着照做。然后大人对某些孩子说，“你捐东西出去，是因为你是个喜欢帮助别人的孩子”，对另一些孩子说，“你捐东西出去，是因为你本来就应该帮助别人”。当这些孩子长大后，第一群孩子显然比第二群孩子慷慨大方许多。因此，你可以找机会让孩子看见他的行为与他的自我认同“相符”，帮助孩子将自己视为一个“好人”：“你是个关心别人的孩子——你总是想让别人开心。”“莎莉，你总是考虑非常周到——你是个很体贴的人。”

但你必须确定，你的赞美与事实相符，而非过誉。

3. 使用名词，而非动词——亚当·格兰特（Adam Grant）的必读好书《沃顿商学院最受欢迎的成功课》（*Give and Take: Why Helping Others Drives Our Success*）提到了两个实验。研究者以 3~6 岁的孩子为对象，试图了解语法的细微变化是否会影响孩子的行为。一个实验使用“动词”（如“有些孩子选择帮助别人”），另一个实验使用“名词”（如“有些孩子选择当助人者”）。结果，相较于“帮助别人”，受邀当个“助人者”的孩子有较高的助人倾向。事实证明，即使只是用语的小小改变，也会影响孩子的行为。研究者猜测，“使用‘助人者’这个名词可能会让人觉得，助人会凸显出我们的自我认同中的光明面，而那个形象可能激励孩子更乐于助人。”因此，如果你想让孩子将自己视为一个关心别人的人，请多使用名词！

4. 关注品格，而非行为——一个以 7~10 岁孩子为对象的研究发现，赞美孩子的品格而非行为，有助于他们将利他思维内化为自我认同的一部分。相较于被大人告知他们本来就该懂得捐赠的孩子，品格受到赞美的孩子待人比较慷慨大方。结论：要多加运用强调品格而非行为的说法。用语的差异如下。

- 关注于“品格”的称赞：“你是个喜欢帮助别人的好孩子”或者“你是个善解人意而且乐于助人的孩子”。
- 关注于“行为”的称赞：“你把铅笔送给孤儿院的小朋友，真棒”或者“和别人分享玩具是一个很贴心的行为”。

5. 以身作则——在某个实验中，140 名孩子因为在游戏中胜出而获得筹码。然后，研究者告诉这些孩子，他们可以保留这些筹码，或者捐给家境贫困的孩子。但在他们做决定之前，孩子会先观察老师怎么处理她的筹码。当老师要孩子捐出筹码，自己却没捐时，这群孩子显得比较不大方。当老师先告诉孩子施予是美德，然后捐出自己的筹码时，孩子当下的捐献显得相当踊跃，但这件事并没有影响孩子日后的行为。当老师不说教，只是以身作则（当着孩子的面）捐出自己所有的筹码，这群孩子不仅捐出自己所有的筹码，而且日后有机会捐献时仍然相当慷慨。请记住：你希望孩子表现出哪些行为，请先以身作则。

培育同理心的利器：抗拒诱惑，为自己的信念挺身而出

为重要的原则挺身而出是一件相当困难的事。来自同龄人的压力可能使孩子怀疑自己的信念，对自我道德认同产生动摇。因此，你要教导孩子一些技巧，帮助他们坚守信念，与诱惑对抗。缩写词 REFUSE 可以帮助孩子记住下列六个技巧。你要帮助孩子一次练习一个技巧，直到他非常熟练后，才练习下一个技巧。

- **R（Review who you are.）想想你是谁。**问问自己："这个人要我做的坏事，是不是违背了我家的家训、原则与我自己的价值观？如果是，我就应该拒绝他。"
- **E（Express your belief.）表达个人信念。**先演练好要如何响应别人，例如"这不是我的作风""我已经答应我爸，绝不做这种事"或"这不是好事"。

或者以父母或老师作为挡箭牌“如果被我妈知道，我就完蛋了”。

- **F（Firm voice.）使用坚定的语气。**使用坚定（而非吼叫）的语气表达你的立场。
- **U（Use strong posture.）采取坚决的姿态。**运用坚定的肢体语言以示坚决：抬头挺胸，双腿分开站立，双手垂放在身体两侧，把头抬高，直视对方。
- **S（Say no and don’t give in.）断然拒绝，绝不屈服。**请记住，你的目的不是改变对方的想法，而是坚守自己的信念。当你开始动摇时，就一再向对方说“不”。你每拒绝一次，你的自信就会增加一些。
- **E（Exit.）离开现场。有时候，上上策就是离开现场。**（请与孩子约定好，当孩子遇到棘手或不安全的情况向你求援时，你将二话不说就去把孩子接回家。）

如何协助孩子养成这些习惯

萨利机长 13 岁时对自己立下的誓言，定义了他的核心信念。但他不是唯一将个人座右铭或誓言内化为个人信念的人。

知名的加州大学洛杉矶分校篮球队总教练约翰·伍登（John Wooden）总是随身携带一张折叠起来的纸，这张纸是他父亲在他八年级时给他的，上面列出了七个人生信条，包括“忠于自己”“帮助他人”“每天回想自己获得的福报，并表达感谢”……伍登说：“我努力遵循这些信条，教导球员时也尽量遵循这些信条。”终其一生，伍登一直把这张纸带在身边。

林肯总统将莎士比亚剧作的部分台词倒背如流，以坚定自己的品格。他的儿子说，林肯在担任总统期间，经常随身携带一本莎士比亚的剧作。罗伯特·肯尼迪从莎士比亚创作的《亨利五世》中获得了很大的启发。社会运动人士桃乐斯·戴伊（Dorothy Day）则以托尔斯泰与陀思妥耶夫斯基的部分作品段落砥砺。

好的文字可以强化你的道德认同，并支持你渡过困境。詹姆斯·斯托克代尔（James Stockdale）被俘虏长达7年，受尽各种酷刑，但他从不动摇。他认为自己能活下来的部分原因，是高中时曾学过的古哲学家爱比克泰德（Epictetus）与塞涅卡（Seneca）的名言，给了他坚持下去的力量。我们的孩子也需要智慧之语作为依循的准则。

如何创造家训以提升孩子的道德认同

家训可以帮助孩子定义自己的为人，并成为自我的一部分。你可以根据相同的前提，让全家人一起定义你家的核心原则。畅销书《意想不到的幸福家庭秘诀》（*The Secrets of Happy Families* ）作者布鲁斯·费勒（Bruce Feiler）与妻子琳达·萝腾堡（Linda Rottenberg）就是采取这个方法。某个周六晚上，他们和两个女儿开睡衣派对（当然少不了爆米花和甜点），一同思考属于全家人的“品牌”。他们四个人轮流回答问题，例如“哪些字最能代表我们家？”“对我们家而言，什么最重要？”每个人写下自己的看法，例如“我们善于凝聚众人”“我们帮助别人展翅高飞”，然后把这些看法整合成这个家的使命宣言。

费勒说，这个过程“强迫你思考、建构，并且以公开的方式用文字表达你希望你们成为什么样的家庭”。这个过程也有助于孩子形成道德认同。

你可以利用下列步骤打造家训，同时培养孩子的道德认同。

• **召开特别的家庭会议**——设法让这个家庭会议有别于其他的家庭会议：刻意挪出时间、订比萨、关闭所有数字设备，并且要求所有家庭成员参加。你们的家训不一定要在一次会议中就拟订出来，因此，请根据孩子能集中注意力的时间长短，决定这个会要开多久。设法将它变成一个好玩的活动！

• **检讨开会原则**——每个人的意见都会获得倾听。不允许有任何贬抑别人的看法，你可以不赞同别人的意见，但要以尊重的方式表达你的不赞同。每个人都有机会发表意见。指派一个人做会议记录，把要点记下来。

• **想成为什么样的一家人**——向家人说明，家庭成员可以通过这个机会畅谈自己的信念，以及希望成为一个什么样的家庭。你也可以借由这个机会，亲耳听见孩子如何描述他们对自己与你们家的看法。费勒建议读者可以利用下列问题开启全家人的对话，最后根据全家人的答案得出你们的家训。

▲我们的价值观是什么？

▲我们希望成为什么样的家庭？

▲我们希望这个家是什么感觉？

▲我们希望遵循哪些原则？

▲你希望别人如何描述我们家？

▲你希望别人会记住关于我们的什么事？

▲我们要如何回馈社会？

▲我们要如何让这个世界变得更好？

• **定义核心价值观**——通过脑力激荡，找出全家人认为最有意义的价值观，以及你希望在孩子身上看见的价值观。你把你认为最重要的价值观定义得越清楚，你的孩子就越可能接受这些价值观。以下是有助于培养道德认同的品德：接纳他人、欣赏他人、乐善好施、公民意识、慈悲、为别人着想、合作、勇气、有礼貌、有同理心、公平、宽厚、感恩、乐于助人、正直、公正、和善、和平、尊重、有责任感与服务精神。

• **全家人的座右铭**——家训是一个简短的句子，这个句子能表达你们家的核心价值观与主要信念。它也有助于孩子定义自己。请你们想出一个最能代表你们家的短句。

▲我们家的人乐于助人。

▲我们推己及人。

▲我们帮助别人，不伤害别人。

▲即使在没有人注意到我们的时候，我们仍然和善待人。

▲关怀他人，是我们的使命。

• **把家训变得好记**——你需要经常对孩子提到家训，孩子才会将它变成自己的一部分。因此，设法将你的家训融入日常生活中。我听过各种方式。盖文家把家训贴在冰箱门上，一贴就是25年；裴林斯家每天早上会集合全家人，一起大声吟诵家训；有一个少女告诉我，他们家经常把“我们要关心别人”挂在嘴边，以至于这句话经常出现在她脑海，后来使她“将自己视为一个关心别人的人”。

- **为你的孩子打造个人座右铭**——现在请你遵循相同的步骤，为每个孩子打造个人专属的座右铭，例如“我是个关心别人的人”“和善待人是一件好事”，以及“我会对别人伸出援手”。这个座右铭也可以来自某本书、某个名人或者某部电影，只要它能让你的孩子产生共鸣就好。把这个短句写在纸上，让孩子随时能看到，这么做有助于孩子记住这句话。有些孩子会将个人座右铭做成海报，贴在房间的墙上；还有孩子把它做成屏幕保护程序；我有个朋友把女儿的座右铭绣在枕套上，当她女儿上大学时，这个枕套是她打包时第一个放进行李箱的东西。

适用于不同年龄层的方法

我刚开始教书时，同时也在攻读教育心理学的博士学位，劳伦斯·科尔伯格（Lawrence Kohlberg）提出的道德认知发展理论深得我心。这位哈佛大学心理学教授认为，道德发展可分为不同阶段，并且能通过道德两难的问题加以锻炼。我把科尔伯格的观念带进我的教学中，结果发现有好几个学生在回答问题时，展现出更高层次的道德推理，这令我欣喜不已。但后来发生了一件事，使我的喜悦顿时消失无踪：我目睹班上两个最优秀的“道德谈论家”乱丢石头，其中一颗砸中了邻居的脑袋，害这位邻居缝了好几针，但这两个孩子对邻居的伤势却漠不关心。“我们不知道他在围墙里，”一个孩子对我说，“我们瞄准的是他的围墙。”“那只是一颗石头，不会造成太大的伤害。”另一个孩子这么说。

这情况令我非常困惑：这两个孩子在课堂上对道德的看法令我惊艳，怎么可能如此缺乏同理心？对于我接下来问他们的问题，他们也答出了“标准答案”：“你们觉得那个人有什么感受？”（“难过。”）“如果有人对你做这件事，你有什么感觉？”（“生气。”）这两个孩子可能掌握了情绪素养（我们在前一章探讨的概念），但是当我问他们“害别人受到这么大的痛苦，你有什么感觉？你在乎别人的感受吗？”时，他们似乎被我问倒了，惊讶得说不出话来。然后，他们诚实地说：“我想我们不是那种关心别人的人。”这个回答惊醒了我。

这个事件使我意识到，具备道德推理能力与情绪素养，不保证孩子会展现出关怀他人的行为（也不保证他能理解别人的观点，或是对别人的感觉感同身受）。孩子必须将自己视为一个关心别人的人，并且重视别人的想法与感受，才有能力展现同理心。这两个孩子所欠缺的，是可以引导他们行为的道德认同。少了道德认同，孩子的同理心就会出现一个重大的缺口。以下是我们可以做的事。

• **与孩子分享你的信念**——道德认同坚定的孩子并不是随随便便就能教出来的。父母必须确认孩子知道家里的价值观是什么。请你一再提醒孩子，你们家的核心价值观是什么，并让孩子了解你的信念背后的理由是什么。“我们家不看暴力电影，因为我们反对暴力。”“我不管你的朋友说不说脏话，在我们家，我们的价值观是尊重别人。”“回馈社会是我们应该做的事。所以你可以找两个家中的玩具，送给有需要的家庭。”（所有年龄层都适用。）

- **以身作则**——你在日常生活中的言行举止，都可能形成强烈的印象，存入孩子的自我认同“银行”中。你对待家人、朋友、邻居与陌生人的方式，你观赏的电影，你看的书与电视节目的类型，以及当你面对冲突、孩子骂脏话、他的同学作弊、邻居乱丢垃圾时，你是怎么处理的。你所做的每个决定，孩子都看在眼里。你可以每天问自己这个重要的问题：“假如我的孩子学习道德认同的唯一榜样是我，他今天学到了什么？”（所有年龄层都适用。）

- **在家里举行辩论比赛**——要让孩子学习形成自己的看法，最好的地点就是家里。何不在家里举行辩论比赛？辩论的主题可以包括家里的规定、零用钱与门禁，或是现实世界的议题，如国家的福利制度、投票年龄门槛或者最新时事。不论辩论主题是什么，鼓励孩子勇于发表个人看法是最重要的。如此一来，当他们需要在公开场合为自己的信念辩护时，就会感到比较自在。（学龄儿童、青少年适用。）

- **打造“最棒的自己”**——密苏里大学哥伦比亚分校教授劳拉·金（Laura King）曾进行一项研究，请研究对象每天写下“最佳版本的自己”，结果发现研究对象的乐观倾向因此获得大幅提升。你可以在睡前或晚餐时间问孩子：“你今天做了哪件事会让你觉得那是‘最棒的自己’？回想一下最令你感到骄傲的那一刻，然后想象你明天也做了类似的事。”你也可以让孩子每天在日记里记录下“最棒的自己”。（所有年龄层都适用。）

• **制作品德剪贴册**——制作一本剪贴册，帮助孩子在学业成就以外，发现自己的品格特点与关怀特质。有一位母亲在一本小相册里，放满了可以呈现孩子道德自我的照片与涂鸦（如关爱同学、爱护小动物、保持运动家精神）。“这个世界充满了竞争，我希望让孩子看见，人生中除了考试成绩之外，还有很多其他的东西。”这位妈妈表示，“当我的孩子心情不好时，他会去看相册里那个‘很棒的杰弗瑞’。”（所有年龄层都适用。）

• **每年写一封生日信给孩子**——帮助孩子培养道德认同的一个很特别的方法是，在孩子每年的生日写一封信给他。在信中列举孩子在过去一年的特殊时刻，同时描述孩子关怀他人的特质，例如善良的心、替别人着想的本性、慷慨大方的精神。和孩子一起读这封信，然后收藏起来。当孩子 21 岁时，这些信将会是最棒的生日礼物，这些珍贵的纪念品记录了孩子的自我认同是如何一点一滴形成的。（所有年龄层都适用。）

• **捕捉孩子关怀他人的时刻**——我们总是喜欢拍下孩子领取学业与运动奖项的画面，或者他们可爱的表情。然而，这些照片传达给孩子的信息是：这些画面是我们最自豪的时刻。请你捕捉孩子展现善良与体贴行为的时刻，并经常展示给大家看，让孩子明白“关怀他人是很重要的事”。当你向别人提到孩子的这些特质时，你也可以不经意让孩子听见。（所有年龄层都适用。）

• **与孩子一起检验“这是我会做的事吗？”**——教给孩子一些检验良知的方法，帮助孩子在遇到考验时，仍然坚持做自己。让孩子想象一个两难的情境（“当克拉拉拒绝让卡萝和我们坐在一起时，我该迎合克拉拉的行为吗？”），请孩子回答下列问题，然后检讨她的回答是否与她眼中的自己相符。

（如果不符合，就可以运用前面提到的 REFUSE 技巧。）（学龄儿童、青少年适用。）

▲黄金律（Golden Rule）检验：我希望别人这样对我吗？

▲“我是谁？”检验：这件事是否违背我的信念与家训？

▲全校集会检验：如果校长可能会在全校集会上公开这件事，我仍然会去做吗？

▲报纸头版检验：如果这件事可能会成为报纸的头版新闻，我仍然会去做吗？

▲家训检验：做这件事是否违背我的家训和家规？

▲奶奶检验：如果奶奶可能会得知这件事，我仍然会去做吗？

▲助人或伤人检验：这件事会助人还是伤人？我只做助人的事。

▲3R 检验：这件事会损害我的人际关系（relationship）或声誉（reputation），或者我将来可能会后悔（regret）吗？

- **鼓励自我对话**——即使是最有自信的孩子，在面对别人的言语辱骂、奚落时，也可能对自己的信念产生怀疑。因此你要教导孩子，每当有人嘲弄他的信念时，在心中告诉自己一句话（自我对话），来对抗这些嘲弄。例如：“我了解自己的为人，我不是他们所说的那样。”“我是个良善的好人，他们没有权利这样对待我。”“这代表他有问题，不是我有问题。”然后不断演练，直到孩子能随时应用这句话。你要帮助孩子明白，问题出在辱骂者身上，不在他的身上。（学龄儿童、青少年适用。）

- **运用 KIND 原则**——教导你的孩子不论是在网络还是现实世界中，

运用 KIND 原则为他的道德罗盘指引方向。“如果你有任何怀疑，问你自己这四个问题:这些话是良善(kind)的吗？有助于启发人心(inspirational)吗？有必要说（necessary）吗？是确切无误（definite）的事实吗？”（学龄儿童、青少年适用。)

培养道德认同的五大须知

1. 道德认同可启发同理心，激发慈悲心，启动关怀他人的行为。

2. 孩子必须能够重视他人的想法与感受，才有可能以同理心对待别人。

3. 太多的夸赞可能使孩子变得好胜、习惯于贬低他人，以及丧失同理心。

4. 对孩子“称赞过头”或让孩子自我感觉良好，可能会强化孩子的自恋倾向，弱化孩子的道德认同。

5. 孩子想象自己是一个关怀他人的人，才可能真正去关心别人。

最后的叮咛

六年级的贾斯汀总是因为霸凌行为惹麻烦。老师尝试过各种矫正方法都无效，校长因此想让他退学。但是，他的健康教育老师贝斯·西蒙斯（Beth Simmons）请求校长再给贾斯汀一次机会。“贾斯汀的家里没有人关心他,”西蒙斯说,“让他退学只会使他变得更加愤怒,走上歧途,最后再也回不了头。”校长同意再给贾斯汀一次机会，但前提是，他必须在健康教育老师的监督下，辅导一名幼儿园的孩子。校长希望这个服务计划能帮助贾斯汀对自己产生新的看法，并激发他的同理心。

在接下来的几周，西蒙斯每天与贾斯汀碰面，帮助他带着5岁的诺亚上简单的阅读课，并与贾斯汀进行角色扮演，学习如何鼓励诺亚。课后，西蒙斯会向贾斯汀简述课程的进行情况，以及他对诺亚有哪些新的了解。西蒙斯表示，她不知道这个方法行不行得通，但她觉得贾斯汀从来没有机会发现自己是个有能力关怀别人的人。

有一天，奇迹发生了，幼儿园老师注意到贾斯汀展现出关心诺亚的行为：诺亚开心时，贾斯汀也露出微笑；诺亚说话时，贾斯汀会认真倾听；诺亚显露疲态时，贾斯汀会激励他。贾斯汀的老师也看见了贾斯汀的改变，并表示贾斯汀的行为也有了改进。或许，这个少年第一次将自己视为一个关怀他人的人，他的同理心被开启了。诺亚也发现了贾斯汀的改变，并告诉老师："贾斯汀是个好人，他只是需要一点时间发现这件事而已。"接着诺亚说了一句很有智慧的话："你不能放弃任何一个孩子，有时候，他们需要一点时间才能醒过来。"

《有道德感的孩子》（*The Moral Child*）作者威廉·戴蒙（William Damon）告诉我们，形成道德认同是一辈子的事，不断受到各种因素影响，包括别人给我们的回馈、从正面与反面教材观察到的事物、对自身经验的反思，以及对周遭文化影响（家庭、学校、宗教机构与媒体）做出的反应。然而，父母必须是掌舵者，他们要启发孩子将自己视为善良的好人。不论当今的文化是在电视剧《欢乐时光》（*Swing Time*）或《摩登家庭》（*Modern Family*）[①] 的时代，有件事不会改变：父母必须帮助孩子，视自己为关心别人的人。

让孩子养成本章所述的重要习惯——培养内在道德认同，是孩子获得同理心优势的第二步骤。

---

①《欢乐时光》（*Swing Time*）和《摩登家庭》（*Modern Family*），美国很受欢迎的电视剧。《欢乐时光》自1974年开播，播到1984年。《摩登家庭》自2009年开始播出，直至今日。

3

有同理心的孩子了解他人的需求

·换位思考与学习站在别人的立场·

1968 年 4 月，马丁·路德·金（Martin Luther King Jr.）是艾奥瓦州罗斯维尔某个三年级班级的“本月英雄”。就在那个月，马丁·路德·金在孟菲斯遇刺身亡。当时，那个班的学生都想知道，他们心目中的英雄为何会遭遇不测。这群孩子住在由白人组成的小区，一辈子没经历过种族歧视。他们的老师简·爱略特（Jane Elliott）觉得，光是靠课堂讲述不足以让学生明白遭到歧视是什么感觉，因此，她决定要给学生上非常特别的一课。

“除非我们真正体验过遭受歧视，否则我们永远不会知道当个黑人小孩是什么感觉。”爱略特对她的学生说，“你们想知道那是什么感受吗？”全班同学都同意了。

于是，老师将 28 位学生分成两组：蓝眼睛、绿眼睛的人一组，棕眼睛的人一组。然后老师宣布，所有棕眼睛的学生都比较优秀，因此可以获得较好的待遇：下课时间加长，可以提早吃午餐，排队领午餐时可以选择跟谁站在一起，可以多吃一份餐点，成为队伍的队长。蓝眼睛、绿眼睛的学生的权利被取消，包括不能喝饮水机的水、拿第二份餐点、在大操场玩，也无法在下课时间使用游戏设施。

两组学生的差异很快就显现出来：棕眼睛的学生显得比较开心、反应快，而且课堂表现有进步；而另一组的学生则显得很悲惨——他们的姿态、表情与态度都显得比较消沉，课堂表现也退步了。

次日，老师把两组人的地位对调。“事实上，蓝眼睛、绿眼睛的人比棕眼睛的人更优秀、更聪明。”爱略特对学生这么说。于是，全班再度进行角色扮演的练习，孩子的行为再度跟着发生转变。

第三天，实验已经结束，老师请学生描述自己的体验，结果发现学生受到的影响超出了她的预期：“我觉得自己很肮脏。”“我觉得像是被绑起来一样。”“我很想哭。”“我觉得被排挤。”好几位家长也注意到孩子的改变。

“你对我儿子做了什么？”一位母亲问爱略特，“他回到家之后像变了一个人，连对待弟弟妹妹的态度也变好了。”

爱略特也看见了变化。有个原本个性好斗的学生，几乎在一夜之间，就变得比较体贴与讨人喜欢。事实上，爱略特发现，所有学生似乎都变得更加关心他人了。

这个练习非常成功，爱略特决定在接下来带的班级中继续推行“歧视日”（Discrimination Day）的练习。但一直到 14 年之后，她才真正明白这个练习所带来的实质影响。这个三年级的班级有 11 位学生回校参加同学会，这是他们第一次告诉老师，那个练习改变了他们的人生。

一个学生说：“那次练习的经验会一辈子跟随着我们，留存在我们的脑海与心中。”

另一个学生说：“我们的心胸变得更开阔了。”

“我们不会把偏见教给孩子。”

那次的体验甚至改变了他们养育孩子的方式。

尽管爱略特的这个实验具有争议性，学者们对这个实验持有正反两面的看法，但爱略特那群已经长大成人的学生，证明了一切。进行实验的 40 年之后，一位记者找到了当年参与实验的 50 位学生，并将他们对那个练习的看法刊登在《史密森尼》(*Smithsonian*)杂志上。“每个参与实验的学生回想起那个练习时，都会觉得一切历历在目。”记者这样写道。这群孩子的证词不容忽视。

“那次经验对我们产生的影响不能被低估。”

“没有人敢说，他完全不被那个经验改变。”

“每当我看见某个人得到差别待遇，就会想起棕眼睛学生被歧视那天，出现在我心中的种种感受。”

爱略特的角色扮演练习不仅令学生终生难忘，而且让学生转换了观点。很少有一个练习能产生如此震撼的效果。

观察、协助、实践——面对面的动态体验，能激发孩子的同理心，而非指派功课或课堂讲述。这正是爱略特的练习在 40 年后，仍然令学生难以忘怀、对身心产生深刻影响的原因。当我们要加强孩子换位思考的技巧时，要利用现实生活中对孩子有意义的活动，唯有这样的活动才能牵动孩子的心弦，帮助他们想象别人的想法或感受可能是什么。我们这么做是基于一个崇高的理由：帮助孩子成为良善的好人。

学习站在别人的立场

换位思考是了解他人的想法、感觉、欲望与需求的能力。我把这个重要的能力称作“通往同理心之路”，因为它可以帮助我们站在别人的立场，对另一个人类同胞感同身受，并且从他的观点看世界。要与其他人形成深刻且彼此关怀的联结，善于换位思考是非常重要的一环。此外，孩子在日常生活中的每个方面也需要这个能力，不论是现在面对操场上发生的争吵，还是将来处理董事会议中出现的争论。

孩子若能理解他人的观点，就会比较有同理心、以平和方式处理冲突、较不轻易评断他人、看重个别差异、为受害者仗义执言，也比较乐于帮助、安慰与支持他人。研究显示，能够理解他人观点的人能获得同理心优势：他们的调适能力比较强，更有人缘，同龄人间的人际关系也比较健康。换位思考能让孩子跳出对“我”的沉溺，因为他们能将目光放在别人关心的事物上。这是个有效的好方法，让孩子不会只想到自己。

好消息是：换位思考就和同理心的其他要素一样，可以教给学步期的孩子，也可以让初、高中甚至更大的孩子加强学习。新的研究显示，“仅仅是考虑到别人的立场”就能大幅降低我们无意中产生的偏见，同时显著改善我们在现实生活中，与外貌和我们不同的人所产生的互动。换位思考有助于消除种族歧视与霸凌，同时为孩子的世界注入更多温暖的关怀与人性的光辉。只是，我们该如何让孩子养成这个习惯？

换位思考为何如此难教？

我们从研究结果可以清楚看见，教导孩子换位思考最好的方法，就是设法让他们站在别人的立场，体验对方的感受。有许多方法可以办到，爱略特在教室进行的实验尤其令人印象深刻。除此之外，我们一整天都可以等待时机，通过以下方法来帮助孩子学习换位思考。

- **再做一次**——“乔舒亚，你刚刚说的话让弟弟很难过，请你再说一遍，但这次你的用语要让提姆开心起来。”
- **扮演对方的角色**——“我们先停下来，重来一次。但这次请你思考一下，你们不找凯文一起玩，他心里有什么感觉。我来扮演你，说：‘凯文，你不能和我们一起玩。’现在换你来当凯文，体会一下他的感觉，想想被人排挤这件事。”
- **暂停并思考**——“现在先暂停一下。你看一下爸爸的脸，然后问问你自己，如果你女儿用那种态度对你说话，你有什么感觉。现在你要对爸爸说什么？”

重点在于在日常生活中给予孩子机会教育，在适当的时机帮助孩子理解他们的言行对别人产生的影响，借此锻炼孩子的同理心。如此一来，他们将来不需要我们的教导，也能做出对的行为。

父母与教育工作者面临的一个难题，是我们必须一方面以身作则，另一方面画出界线，并且在孩子越线时加以管教。管教是每个家庭的私事，我们没有立场告诉你什么是对的、什么是错的。然而，假若我们告诉孩子不要打人，但是当孩子犯错时，我们却打他屁股，孩子会觉得这有道理吗？我们会觉得这有道理吗？

关于约束孩子的行为这件事，我们首先要知道，美国父母经常管教孩子。一般而言，我们对 2~10 岁的孩子，大约每 6~9 分钟就会管教一次，换句话说，一天会发生 50 次，而一年就有 15000 多次。这些管教活动中，有多少次是因为孩子没有考虑到别人的感受而发生的？若不加善用，我们就错失了许多锻炼孩子同理心的机会。以下是常见的管教方法，这些方法可能会阻碍孩子产生同理心，尤其是阻碍孩子学习换位思考这个重要的能力。

- **打屁股**——美国有 94% 的家长承认，自己在孩子 4 岁以前打小孩的屁股。杜兰大学（Tulane University）的研究人员对 2500 名幼童进行追踪，结果发现 3 岁时经常被打屁股的孩子，到了 5 岁时比较可能产生攻击行为。当然，也有其他因素会产生影响（例如，是谁打的屁股，怎么打的）。不容否认的是，60 年来的研究都将打屁股与负面的儿童行为联系在一起，包括攻击、反社会行为、心理健康问题、欠缺道德发展，以及同理心下降。

- **大吼**——许多父母已经意识到打屁股带来的不良影响，但找不到有效的替代手段。于是，当孩子的不当行为持续出现时，父母的挫折感会不断累积，最后以大吼的方式爆发。对孩子大吼，会让父母的心里很难受（2/3 的父母表示，对孩子“大吼”会导致他们产生罪恶感），但由于不知道该用什么方法约束孩子，他们只好用“大吼”取代打屁股。冲突之后，孩子会心情沮丧，这不仅因为大人对孩子大吼大叫，也与大人吼叫的内容有很大的关系。大脑显影技术证实，羞辱、侮辱或嘲笑这类“用言语打屁股”的方式，可能会损害孩子的大脑神经联结。

父母长期靠吼叫管教小孩，可能会在以下三个方面不利于孩子同理心的培育：

▲**大吼会损害亲子关系。**同理心的种子埋藏在亲子关系中。研究显示，有同理心的人通常与父母有比较亲密、温暖的关系，而且得到父母比较多的支持。

▲**羞辱会抹杀同理心。**当孩子做错事时，羞辱孩子所造成的痛苦远高于让孩子感到罪恶或丢脸，也不利于孩子学习关怀他人。羞辱会降低孩子的自我价值，使孩子自惭形秽并感到痛苦，而且会使他更在意别人对他的评价（“妈妈觉得我是个坏孩子”）。研究证实，以羞辱管教孩子，会使孩子比较难以同情他们欺侮的对象。

▲**大吼是最糟的榜样。**毋庸置疑，对孩子大吼大叫的父母是最糟糕的榜样，孩子会模仿。研究结果清楚指出：以身作则的父母，才能教养出有

同理心的孩子，他们对孩子与外人都展现出关怀的行为，也会一再强调和善待人的重要，并期待孩子将此价值观应用在所有人身上。

- **隔离**——另一种管教方法是带孩子离开他正在从事的活动，让他独处。加州大学洛杉矶分校医学院的丹尼尔 J. 席格（Daniel J. Siegel）表示："数十年来关于依恋关系的研究显示，在情绪低落的时候，我们格外需要关心我们的人在身边，给我们安慰。"然而，当孩子情绪失控时，父母往往要孩子回房间去冷静一下，自己想想做错了什么事。专家忧心，这种隔离无法帮助孩子学习接纳，或者思考被他伤害的人的感受。大脑扫描也显示，因受到拒绝或被人孤立所带来的人际关系痛苦，与身体受伤或受虐造成的痛苦，两者的脑部显影非常相似。

- **奖励**——"如果你很乖，就会得到点心！""再得到一颗星星，就给你一个玩具！"运用"好孩子奖励表"或者利用玩具、糖果以及金钱诱使孩子"成为乖小孩"，是另一个常见的管教手段。《奖励的恶果》（*Punished by Rewards*）的作者艾尔菲·科恩（Alfie Kohn）引用了超过 70 个研究指出，这个方法可能产生反效果，尤其当你想要培养同理心时，孩子会开始认为，待人和善是为了得到奖励。此外，"外在奖励一旦消失"，孩子"做出有利于社会行为的意愿就可能会降低"。于是，诱发孩子助人之心的诱因失去了吸引力，孩子也就失去了"站在别人的立场"的机会。

当然，我的意思并不是说，孩子做错事也不需要处罚。我们需要让孩子明白，什么是可接受的行为，什么是不可接受的行为。父母或师长必须通过一些工具，让孩子知道他们对孩子的行为有什么期待。现在的问题是："如何制止孩子的不当行为，同时帮助孩子明白他的行为会对别人造成影响？”所幸，科学能为我们一一解答。

科学事实：如何画出界线？

“我那个还在学走路的孩子会咬人，这个年纪的孩子是不是不能处罚？”

“我女儿很喜欢招惹她弟弟，我该如何制止她？”

“老师告诉我，我儿子在校车上欺负别人，我们该如何处罚他？”

许多管教孩子的建议往往互相矛盾，难怪家长会无所适从。因此，我们需要通过科学寻求解答。

纽约大学心理学教授马丁·霍夫曼（Martin Hoffman）研究孩子的同理心长达40多年，尤其是同理心、管教及画出两者界线之间的关系。霍夫曼发现，孩子行为不当时，若父母总是向孩子强调受到伤害的人所感受的痛苦，以及帮助孩子了解自己的行为对别人造成的影响，结果是这样的孩子通常比较有同理心。他把这种管教方法称作“诱导”。许多研究也证实了诱导的效果，它不仅可改善孩子的行为，还能提升孩子换位思考的能力，鼓励孩子向别人伸出援手，以及强化他们的同理心。

学步期的孩子，也会在意其他同龄孩子的想法

卡洛琳·赞恩－葳斯勒（Carolyn Zahn-Waxler）与马里安·芮德－雅洛（Marian Radke-Yarrow）花了30多年研究同理心。她们发现，让孩子把

焦点放在他们的行为对别人造成的影响（即“诱导”）上，可有效激发孩子的同理心，即使是年幼的孩子也不例外。在一个研究中，她们征集孩子在15~29个月大的妈妈，请她们充当研究助理，记录孩子的行为：当孩子遇到同伴心情不好（难过、痛苦、不舒服、生气、疲倦）时，他们有什么反应，以及他们在情况发生之前、期间与之后的行为。赞恩－葳斯勒与芮德－雅洛对这些纪录进行了为期9个月的跟踪分析，她们发现，相较于没有使用诱导方法的妈妈，采用诱导教育的妈妈对于孩子的换位思考与亲社会行为，有着显著的影响力。以下是其中一位妈妈的报告，她记录了22个月大的儿子约翰与玩伴杰利的互动，以及她所采用的技巧。

> 杰利今天一直大哭，不接受安抚。约翰跑过来，拿玩具给杰利，努力想让杰利心情好转。他对杰利说：“杰利，这个给你。”我对约翰说：“杰利很难过，他很不舒服，他今天去医院打针了。”约翰皱起眉头看着我，好像他真的明白杰利是因为不开心而哭，而不是因为乱发脾气。他跑过来揉揉杰利的手臂，并说“杰利乖”，然后继续拿玩具给杰利。

这个技巧如何应用在现实生活中？假设你发现你的孩子抢了同伴的玩具，不让人家玩，你要采取的诱导技巧是，帮助你的孩子想象，假如受害者是他，他会有什么感受，这样他才可能了解自己的行为对另一个孩子造成的影响。这种做法不仅可以强化孩子换位思考的能力，也有助于他的道德成长。你可以利用孩子最喜爱的玩具和他玩角色扮演的游戏，让他体会另一方的感受。你把玩具从孩子的手中“抢走”，然后问他，“如果有人抢走你的玩具，你有什么感觉？你觉得公平吗？为什么不公平？你可以怎么做，让情况好转一些？”

但科学研究也提出警告：父母必须使用合适的语气，诱导才能产生效果。口头警告或简单的说明（“停下来！”“你掐了强尼。”）对于引发孩子的利他行为不会有太大的效果。父母若经常向孩子解释，他的行为为什么会对别人造成伤害（“看到了吗？你看到你弄痛凯莉了吗？以后不要再拉她的手指了！”），孩子比较会去帮助或安慰正在受苦的同龄人。孩子不会故意伤害其他孩子，只要你以简洁、不武断的方式，让他们清楚地看见他们的行为对别人造成什么影响，他们会记在心里。这是诱导的基本原则。

有科学根据的教养原则：请对孩子“清楚解释”他的行为为何会对别人造成伤害，并让他把焦点放在受害者的痛苦上。然后使用符合“金发女孩反应模式（Goldilocks Response Model）”[①]的语气：不过于严厉（“不可以那样做，罚你禁足一个月”），不过于软弱（“没关系，这种事难免会发生”），而是刚刚好（“你把你的朋友弄哭了。我一直告诉你要好好对待别人。你现在该怎

① “金发女孩反应模式（Goldilocks Response Model）”源自童话故事《金发女孩和三只熊》，迷了路的金发女孩进入三只熊的家，她尝了三碗粥，试了三张椅子和三张床，最后决定小碗、小椅子和小床的尺寸最适合她——不大不小刚刚好。

么做，才能让你的朋友好过一些？”）。当你这么做，你的孩子就会知道你对他的行为有什么样的期待。

表达失望，而非愤怒

你的孩子不只在意同龄人的想法，也会从你的反应中寻找线索。事实上，父母对孩子行为的情绪反应对孩子造成的影响，不亚于同龄人的反应造成的影响，而且这个影响力会随着孩子的成长变得越来越大（而非越来越小）。

关于这个议题的另一个研究分析了父母对 11~13 岁孩子不当行为所采取的管教方式，以找出不同类型的管教方式对同理心与行为的影响。研究者先请母亲回答，她们对孩子的各种不当行为会采取什么样的反应。然后询问孩子，他们认为父母会如何反应。最后，研究者利用 5 个测验评量每个孩子的同理心水平。得到的结果是：相较于依赖权威管教（例如取消某些优惠待遇，或者打屁股之类的体罚），若父母采用诱导教育（和孩子讨论孩子的不当行为带给他们什么感受），孩子会展现较高水平的同理心、换位思考能力与有利于社会的行为。害怕让父母失望，如此强大的动力可遏止孩子产生不当行为，驱动孩子产生同理心。

不要害怕告诉孩子，你对他的行为很失望——这是有科学根据的教养原则。重点在于强调孩子的不当行为，而非孩子本身（“我不要再听到你说那种话，你不是那样的人！”“这个家里的人会关心其他人。你的行为令我很失望！”）。让孩子知道你对他失望是个很好的教育机会，趁此机会强调你认同的价值观，同时让孩子明白，你期待他和善待人与关怀他人。

青春期的孩子也很在意你的想法

向孩子指出他的行为造成的影响，对较年长的孩子同样有效。在一个以五、八与十年级学生，以及他们的母亲为对象的研究中，这些学生通过问卷回答母亲最常用的管教方式是什么，以及他们认为这种管教方式是否公平与恰当。研究者也评估每个孩子道德自我概念的强度，并且请这些母亲描述她们的管教方式，以及管教的频率。结果显示，若母亲对青春期孩子的冷漠行为采用诱导教育并表达失望，她们的孩子往往呈现较高水平的道德认同与换位思考能力。

若孩子做出极为不当的行为，如从店里偷东西，这些母亲会向孩子指出，他的行为对另一个人造成的影响。

母亲："乔登，我们来替影片出租店的老板想想。他店里的东西被偷了，你觉得他有什么感觉？"

乔登："我想他会有点生气。"

母亲："为什么？"

乔登："因为有人从他的店里拿走东西。"

母亲："没错，但你认为谁要承担店里的损失？"

乔登："我不知道……老板？"

母亲："对，假如你必须为别人拿走的东西承担损失，你会有什么感觉？"

乔登："我会很生气。"

母亲："你必须用自己赚的钱支付别人造成的损失，你觉得公平吗？"

乔登："不公平。对不起，我会把东西还回去。"

有科学根据的教养原则：对于正值青春期的孩子，你要采取"指出后果"与诱导的管教方式。这种做法可帮助孩子把关怀他人的价值观变成自己的一部分，同时形成坚定的道德认同，即使孩子逐渐长大，面对的挑战越来越大，这种方法同样有效。另外，你要对孩子的冷漠行为表达失望，并强调他的行为对受害者造成的情绪影响，让孩子理解他人的观点。

教导孩子从别人的观点看事情

既然诱导的管教方式对于矫正孩子的行为与提升换位思考的能力如此有效，那么父母到底该怎么做呢？你可以采取下列四个步骤。缩写词 CARE 可以帮助你记住这四个重要的步骤。

步骤 1：C＝在冷漠行为出现时提醒孩子（Call attention to uncaring）

这个步骤包含两个部分：指出孩子犯的错是什么，以及说明为何这么做是一种冷漠的行为。许多家长略过这个步骤，直接跳到滔滔不绝的说教，以及用霍夫曼所谓的"诉诸权威"加以惩罚。当然，身为父母的我们，会对孩子的不当行为感到生气、挫折，或者不解，但如果我们不和孩子一同检讨这个行为为何不对，就错失了教导换位思考与锻炼同理心的机会。孩子必须意识到，他们的行为对别人造成的影响。一旦发现孩子展现冷漠行为，要立刻提醒孩子，私底下和他讨论他的行为为什么是冷酷无情的，以及你为何不赞同他这么做。

▲“大声嚷着杰伯没有进篮，是一件很刻薄的事。”

▲“你要伯特走开，只自己跟莎莉一起玩游戏，这是一种不顾别人感受的行为。”

▲“奶奶跟你讲话的时候，你一直在用手机发信息，这是一种没有礼貌的行为。”

步骤2：A＝觉察冷漠行为对他人的影响（Assess how uncaring affects others）

换位思考的能力不会自动出现，有时候孩子并未意识到自己的行为对别人的影响。《有爱心的孩子》（*The Caring Child*）作者南茜·艾森伯格（Nancy Eisenberg）表示，培育同理心最好的方法之一，就是向孩子指出他的行为对另一个人造成的影响（“你看，你把她弄哭了”），或者凸显受害者的感受（“现在他感到很伤心”）。

这么做可以锻炼孩子换位思考的能力，使孩子注意到受害者的想法、感觉或需求，这种做法即使对年幼的孩子也很有效。重点在于引导你的孩子想象，假如他是那个受害者，他会有什么感觉，让孩子“苦其所苦”。一开始，你可以请孩子想象一下，假如有人这样对待他，他会有什么感觉、想法或需求。当孩子能从自己的观点看见事实后，接下来要帮助他站在对方的立场，试想一下对方的感受、想法与需求。

▲ 给较年幼的孩子：假设他抢了同伴的玩具，你可以问他“如果提姆抢走你的玩具，你有什么感觉呢？你现在做出提姆被抢玩具后的表情给我看，说说他心里有什么感觉？”

▲ 给较年长的孩子：“假如你是莎拉，而你发现有人发了一个信息说你的坏话。你有什么感觉？你想对发短信的人说什么？莎拉会怎么想？”

步骤3：R＝弥补伤害，做出补偿（Repair the hurt and require reparations）

帮助孩子明白他的行为带给别人什么痛苦，是管教子女与教导换位思考很重要的一环。一旦孩子与对方联结（“我让另一个人感到难过／受辱／害怕，我可以体会他的感受”），良知通常就会开始发挥作用。弥补伤害是犯错者减轻罪恶感的方法之一。但补偿必须出于自愿（不能勉强），适合孩子的年龄，而且“对症下药”。以下的例子是当一位父亲发现儿子嘲笑他的朋友马克时，他如何帮助儿子“修补伤害”。

父亲：“你这样对马克，你觉得他有什么感觉？”

儿子：“他会很难过，因为如果我是他，我会感到很难过。”

父亲："那你想怎么做，让马克知道你很抱歉，而且你很在乎他？"

儿子："我会问他，要不要来我们家？"

父亲："好，但他可能不知道你很后悔做了这件事。"

儿子："我会打电话给他，跟他说对不起。"

父亲："这不容易办到，但这代表你关心别人。"

步骤4：E＝表达失望，并强调你期待孩子关怀他人（Express disappointment and stress caring expectations）

最后一个步骤，是当孩子做出冷漠的行为，你要向孩子说明你对这件事的感受，并表达你对他的失望。不要为此有罪恶感，科学研究指出，最有效的管教方法之一，就是告诉孩子你对他的不当行为感到失望。这么做可以让孩子知道，你相信他可以有更好的表现。表达你的失望也可"使孩子形成自己的行为准则、同理心和对他人的责任感，以及道德认同，进而成为一个乐于助人的人①"。这个步骤包含两个部分：第一，表达对行为的失望（而非对孩子失望）；第二，强调你期待孩子成为关怀他人的人，以及相信孩子可以做得更好。

▲"我不喜欢你在别人背后说他们的坏话。你是个好孩子，我希望你能够考虑到别人的感受。"

---

①出自《沃顿商学院最受欢迎的成功课》（*Give and Take*）一书。

▲“那种语气不尊重人，我不喜欢。我希望你能尊重所有人。你可以表现得更好。”

培育同理心的利器：了解别人的想法、感觉与需求

教导孩子体察“对方”的感受与倾听“对方”说的话，有助于大幅提升换位思考能力与同理心。通过教导孩子体察他人的感受，才能帮助孩子了解他人的感觉与需求，成为不只关心自己，对别人的感受也更敏感的人。要培养这个技巧需经过四个有顺序的步骤，一次只练习一个步骤，直到孩子准备好，再进行下一个步骤。你们可以玩倾听游戏，在晚餐时间或开家庭会议时练习，当你倾听孩子说话时，亲自示范每个步骤。提示：这个部分的练习会涵盖其他章节提到的技巧，例如眼睛直视对方、倾听、管理情绪、聚焦，以及情绪素养。可以回顾每一章的“培育同理心的利器”单元，尤其是第 1 章到第 3 章的部分，帮助你的孩子顺利掌握这个能力。

步骤 1：聚焦——把注意力放在对方身上

换位思考的第一步，是把注意力放在对方身上。教导孩子五个重要的倾听技巧（首字母缩写为 SOLER），这些技巧有助于提升孩子的同理心与课堂的学习成效。

S (Sit)：静静地坐着或站立，把注意力放在对方身上。

O (Open)：以敞开的心胸聆听对方的看法与感觉。

L (Lean)：身体稍微前倾，以表示你感兴趣。

E (Eye)：直视对方的眼睛。要让注意力保持集中，可以采用第 1 章提到的技巧——看着对方的眼睛或者鼻梁。

R (Recognize)：肯定对方的看法。通过点头与微笑让对方知道你在用心倾听。

步骤 2：用心感受——“搜寻与倾听”对方的感觉

情绪素养是换位思考很重要的一环，因此你要教孩子“搜寻与倾听”对方的感觉。对孩子说：“别人可能不会把他的感觉说出来，但他的身体、表情和声音会透露出一些线索。假装你是一个侦探，问问自己：‘他有什么感觉？’”

▲ 若你不确定对方有什么感觉时，向对方澄清：“你觉得……吗？”“那使你产生……的感觉吗？”

▲ 把感觉说出来：“你的声音听起来……”“你看起来……”

步骤 3：想象——站在对方的立场

要帮助孩子了解别人的观点，可以教他利用想象力，站在别人的立场思考。“当对方说话时，试着想象他心中的想法或感觉，这样你就知道他想要或需要什么了。”重点在于要找出方法，让孩子通过想象，从另一个人的观点看事情。

▲ 让年幼的孩子假装披上一件神奇的披风，这披风可以让他“看见”别人的内心，同时赋予他察觉别人的想法或感觉的超能力。

▲ 鼓励年龄较大的孩子自我询问："如果是我，我会有……的感觉／想法／需求。"

步骤 4：分享——描述对方的观点

最后一个步骤是让孩子用另一种说法重述对方的观点，以强化同理心。向孩子这么说明："让别人知道你在乎他的一个好方法是，把你听到的话重说一遍。这代表你了解他的感觉、想法或需求。"

▲复述——"你是说……""我听见你说……""你提到一件事……"

▲用另一种说法重述对方的想法、感觉或需求——"你认为……""你觉得……""你需要……""你想要……因为……""你觉得……你需要……"

▲给予支持——"听起来你需要……""我可以……""我帮得上忙吗？"

用孩子听得懂的词汇向孩子解释，倾听对方以了解对方的观点，不代表你必须赞同他的看法。每个人都有自己的看法，这是人之常情。因此，我们只要以不带评断的心态倾听，无须提供意见或与对方争辩。这么做，可以让对方知道你在乎他，而且能够同理他的想法或感受。

帮助孩子站在别人的立场

圣地亚哥有一群消防员正马不停蹄地忙着救火，努力扑灭扩散成 800 平方千米的森林大火。但是此时，幼儿园老师所面对的是另一个问题：许多孩子的父母是消防员，这些消防员回家的时间都很短暂，回家后往往已经精疲力竭，但孩子无法理解为什么“爸爸不和我玩”。

幼儿园老师想帮助这群年幼的孩子理解父母的状况，于是她把一双消防员的靴子放在地上，然后问：

“有谁想穿这双靴子，假装是一个消防员，就和爸爸一样？”

许多孩子举起了手：他们都很想玩“假想”游戏。

老师点名叫一个小男孩上来，这个4岁孩子非常想念爸爸。他因为无法表达对爸爸安危的担忧，经常在班上胡闹，而且常做噩梦。这个小男孩立刻脱掉自己的鞋子，跳进那双大人的靴子，准备好要当“消防员”。

“准备好了吗？”老师问他，“想象你是你爸爸。你正努力扑灭大火。你睡在地板上，穿着又脏又臭的衣服，而且非常累。你离开家已经很久了，你很想念你的家人。但你最想做的事，是抱住你的小宝贝，同时感受到你的小宝贝也紧紧抱着你。”

当这个小孩开始想象爸爸的感受，他的表情、动作和整个身体在几秒之间就改变了，他真的“变成了”他爸爸，在一旁观摩的大人全都看呆了。

“你觉得怎么样？”老师问他。

“我又累又难过，”男孩平静地回答，“我想回家。”

“有什么东西能让你好过一点吗？”

这个男孩呆住了，然后突然灵光一闪，他挣脱靴子，跑到游戏室抓了一样东西，再跑回来。

“快点把这个拿给爸爸，”他说，“这会让他好过一点。”然后把手中的泰迪熊塞进老师的手里。

现场的大人全都红了眼眶——我们见证了非常震撼的一刻。一位有同理心的老师找到了方法安抚班上的小男孩：帮助他想象父亲所处的可怕处境。这位老师的做法也印证了一个科学发现：即使是年幼的孩子也可以通过教导，学习“站在别人的立场”。

换位思考可启动孩子的同理心，使孩子想要帮助别人，这正是那天发生的情况。那个小男孩想象着父亲的不舒适，而他想让爸爸觉得好过一点，于是他想到了一个 4 岁孩子所知道的最好方法：把他的泰迪熊拿给爸爸。

换位思考如何启动同理心

华盛顿大学的以斯拉·史塔兰（Ezra Stotland）博士是最早通过研究呈现换位思考威力的人。他请受试者观看某个人双手被绑在机器上，他的手被“强烈、难受”的热气灼烧。其实，这位受害者是史塔兰的助理，他要演出灼烧的痛苦表情，但实际上“热气”并不存在。史塔兰将受试者分为三组，分别给予他们不同的指示。其中一组受试者只要注意受害者的动作就好；另一组要站在受害者的立场，想象受害者的感受；第三组要想象自己的双手实际接触热气。实验会记录每位受试者的生理反应，此反应代表他们的同理心水平。

“只要注意受害者动作”的受试者，对于受害者的“痛苦”没有表现出太大的同理心。“想象受害者的感觉，或想象自己的手被灼烧”的受试者，他们的同理心水平显著上升。史塔兰发现，“想象另一个人的感受”是培养换位思考能力的有效方法。

研究显示，通过鼓励孩子去关心别人（而不是自己）的想法、感觉与需求，可以提升孩子的助人意愿。帮助孩子站在别人立场的方法有很多。前述那位幼儿园老师让学生穿上消防员的靴子，利用假想游戏，帮助孩子了解父亲的感受；爱略特让班上的三年级学生通过角色扮演体验被歧视的感觉；史塔兰的受试者则是想象某个人所遭受的痛苦。

换位思考也可以帮助孩子解决手足间的冲突、改变冷漠行为、理解别人的感受、了解朋友为什么生气，或解决日常生活中的无数问题，为他们创造同理心优势。

帮助孩子站在他人立场的六个方法

1.使用道具——连恩是我班上的学生，他无法理解别人的感受。有一次，他无法理解为何自己的行为让同学感到难过，我知道我需要深入他的内心，以激发他的同理心。当时，我看到了一个铁制衣架，我把这个衣架拉成圆形，然后对连恩说：“连恩，把你的头钻进这个圆圈里，想象你是史蒂维。让我来扮演你。”我们开始玩角色扮演的游戏：“史蒂维，你的新发型看起来很蠢。你有什么感觉？”让连恩假装自己是别人，终于帮助他了解同学心中的痛苦，而那个衣架是关键。你可以尝试利用各种道具，布偶、英雄公仔、填充玩偶或者戏服等。也可以把铅笔粘在照片后面，制作笔偶让年幼的孩子扮演“对方”。

2. 对调立场——肯恩与我分享了一个好方法，他用这个方法帮助他的儿子了解大人的观点。有一次，肯恩 12 岁的儿子晚归，却没有打电话告知家里，肯思非常生气，他儿子无法理解他为何如此生气。儿子回到家后，肯恩让儿子试着从他的观点看这件事："你过来坐到我的椅子上。椅子是温热的，因为我一直坐在那里看手表。现在，请你假装你是我——你不知道你儿子人在哪里，天色已经很晚了，而他没有打电话回家。你的脑海里浮现了什么念头？"肯恩说，他的儿子立刻向他道歉，并且承诺以后一定会记得打电话回家。你可以试着让孩子"站在你的立场"，从你的观点设身处地去体验某个情境。

3. 幻想工程——假设你的孩子寄了一张"祝您早日康复"的卡片给奶奶，利用这个机会帮助孩子进行想象，当奶奶收到卡片后，她会有什么感受。"假装你是奶奶，你收到了孙女寄来的卡片。当你看着卡片上写的字，心里有什么感觉？"你也可以把孩子尚未见过的人，纳入他的换位思考练习："假装你是新来的同学，班上任何人你都不认识。你有什么感觉？你的同学做些什么，会让你觉得有人欢迎你？""想象你是那个住在艾奥瓦州的孩子，而你家的房子刚被飓风吹垮，你的脑海里想到了什么？你需要什么？ 其他人可以帮上什么忙？"

4. 把冷漠行为删掉重来——利用角色扮演，帮助孩子把冷漠行为"删掉重来"，重新做出考虑到别人感受的行为。"我们重来一次，请你对你的朋友说出他想听的话。""再试一次，这次要想想，当你的队友让你失望，你会有什么感觉？""重新问我一次，用不会让我伤心的方式问我。"

5. 自问“我猜”——鼓励年纪较长的孩子自问：“我猜（弗瑞德叔叔／巴特／教练）的想法／感觉／需求是什么？”鼓励孩子每当遇到不认识的人（例如班上的新同学、排队队伍中的另一个人、正在荡秋千的孩子、躺在路边的人）时，试着使用“我猜”的问句。

6. 角色互换——下次当孩子发生手足相争或朋友间的争执时，不要给予建议，而是让孩子“角色互换”，让他从另一个角度看事情。你对孩子说：“我知道你们都很生气，但你们有办法找出解决方法。你们两个都告诉我事情发生的经过，但是要从对方的角度说。”等他们都听到了彼此的说法，你再问他们：“你们都听到双方的说法了，现在你们来找出一个解决方法，对你们两个人都公平的方法。”

适用于不同年龄层的方法

我到堪萨斯州访问某个学校时，恰好遇到校长正在与两个学生认真地讨论一件事。

这两个 11 岁的孩子因为共享置物柜发生争执，被叫到校长室。两个人都指责对方“乱弄我的东西”。于是校长用了一个不寻常的管教方式。她给每个学生一张“换位思考试卷”，请他们从对方的角度回答问题。试卷上的问题包括“发生了什么事？”“你对这件事有什么感觉？”“你想告诉对方什么话？”“要怎么妥善解决这个问题，才能让你们双方都满意？”两个学生的反应如下：

“我又不是他，我怎么知道他的感觉？”

“这太难了，”另一个学生说，“我不知道他想要什么。”

这就是问题所在：两个人只看见“自己的观点”，从未想过对方的想法是什么。

这位校长的“换位思考试卷”是帮助学生找出别人的感觉、想法与需求的好方法。

下列方法可帮助你的孩子理解站在别人的立场是什么感觉。

- **运用“感觉＋需求”公式**——寻找机会教育孩子注意别人的感觉，然后请他猜想另一个人可能需要什么来让心情好转。（所有年龄层都适用。）

> 家长：“看到那个眼睛看着地上的男孩了吗？你觉得他有什么感觉？”（引导你的孩子说出适当的感觉词汇。）
>
> 孩子：“我觉得他很难过。”
>
> 家长：“你觉得他需要什么，才能让心情变好？”
>
> 孩子：“或许他需要有人陪他，因为他很寂寞。”
>
> 家长：“你能帮他的忙吗？”

- **以真实事件、书籍与新闻为素材**——在日常生活中帮助孩子扩大观点。（所有年龄层都适用。）

▲ 新闻——“那个女孩得到了拼字比赛冠军。你觉得她有什么感觉？”

▲ 书籍——“假如你是住在森林里的三只熊家族，当陌生的金发女孩没有经过允许，就使用你们的床和椅子，你有什么感觉？”

▲ 电视——“龙卷风摧毁了瓦努阿图大多数儿童的家。你觉得那些孩子有什么想法和感觉？”

▲ 家里——“你觉得爸爸听到他妈妈重病的消息，心里有什么感觉？”（不要忘了追加一句：“不知道我们能不能帮上忙？”）

• **利用鞋子、帽子和丝巾**——俄亥俄州都柏林的心理咨询师劳里·库恩（Laurie Coon），她利用装了各种鞋子的鞋盒，包括溜冰鞋、运动鞋、拖鞋、军靴、高跟鞋等，教导同理心。她让学生选择一个鞋盒，穿上里面的鞋子，然后说出穿这双鞋的人是什么模样。我的朋友玛丽·格雷丝·葛雯（Mary Grace Galvin）则在一个皮箱里放了许多帽子和丝巾，让她的孩子假装是“另一个人”，玩假扮游戏。（幼儿、学龄儿童适用。）

• **做表情**——研究者请受试者模仿某些脸部表情，例如厌恶、悲伤、恐惧，然后在大脑侦测每个情绪特有的脑部活动。结果显示，做出与某个情绪相符的表情，会让我们感受到那个情绪。因此，你可以试着让孩子用表情来代表他觉得别人有什么感觉：这个练习有助于提升孩子的换位思考技巧。（幼儿、学龄儿童适用。）

孩子：“丹尼被队上淘汰了。”

家长："你做一个能代表他心情的表情。"（孩子做出难过的表情。）

家长："想象一下他在想什么。"

孩子："他觉得没有人喜欢他。我应该打个电话给他。"

• **体会弱势处境**——有个童军领导人派给她的小队一个不寻常的任务："找个你不曾体验过的弱势处境，例如住在游民收容所、失明或肢体残障，然后想出方法，去了解那样的人有什么感觉。"有些青少年会进行24小时绝食（在家长的同意下），体会饥饿的感觉。这些活动不仅让孩子得到新的观点，也能启动他们的同理心。许多孩子现在成为给饥荒地区募集食物的义工。（学龄儿童、青少年适用。）其他练习还有：

▲ 盲——在家里戴上眼罩，四处走动。较年幼的孩子可以玩"蒙眼睛帮驴子装尾巴"的游戏①。

▲ 哑——用手捂着嘴巴唱歌。

▲ 聋——塞着耳塞或戴上耳机，试着听周围的声音。

▲ 学习障碍——试着倒着写字，或看着镜子写字。

▲ 肢体障碍——试着坐在轮椅上到处活动。

---

①这个游戏是先画一只没有尾巴的驴子，再另外制作驴子尾巴。让孩子蒙上眼睛，通过摸索，在正确的位置为驴子装上尾巴。

- **扩大观点**——带孩子去体验某些特殊的情境：造访游民收容所、盲人中心、老人看护中心，或赈灾流动厨房。当你们回家后，你问孩子："你的观点有没有产生任何改变？"最好和孩子一起参与活动，帮助孩子对这些人有更多了解，然后问你的孩子："你现在对这些人的感觉有没有发生变化？"（所有年龄层都适用。）

- **戏剧表演**——演员会利用角色扮演帮助自己深入了解某个角色。梅丽尔·斯特里普曾表示，她通过培养同理心获得了"把角色的感受传达给观众"的能力，并"得到了一般人难以享受的乐趣"。许多演员也表示，角色扮演强化了他们的同理心。孩子通过参加学校的戏剧演出和上表演课，也可以提升他们换位思考的能力。你会考虑让孩子体验一下戏剧演出吗？试试吧！（所有年龄层都适用。）

- **利用绘本**——在此推荐几本绘本：罗伯特·蒙施（Robert Munsch）的《纸袋公主》（*Paper Bag Princess*）、乔恩·谢斯卡（Jon Scieszka）的《三只小猪的真实故事》（*The True Story of the Three Little Pigs*）、西尔维亚·菲儿（Sylvia Fair）的《床罩》（*The Bedspread*）、朱迪·布鲁姆（Judy Blume）的《家有小麻烦》（*The Pain and the Great One*）、帕特丽夏·麦克拉赫伦（Patricia MacLachlan）的《跟着爷爷看》（*Through Grandpa's Eyes*）。

扩大观点的问题包括："（某人物）的观点是什么？谁的观点没有被呈现？如果是你，你有什么感觉？你会有什么不同的做法？"（所有年龄层都适用。）

- **看电影**——迪士尼电影《辣妈辣妹》（*Freaky Friday*）的主角是一对非常处不来的母女。有一天，一股神秘的力量使她们两人互换身体，于是她们被迫去了解对方的观点。这部电影是和孩子讨论角色扮演的好素材。年纪较长的孩子与青少年可以欣赏：《与狼共舞》（*Dances with Wolves*）、《象人》（*The Elephant Man*）、《黑色棉花田》（*Roll of Thunder, Hear My Cry*）、《无脸的男人》（*The Man Without a Face*），以及《海底沉舟》（*Watership Down*）。（学龄儿童、青少年适用。）

- **带孩子去上班**——每年 4 月的第 4 个星期四，美国有 3700 多万名员工会参与“带孩子一起上班日”的活动。孩子可以成为“一日校长”“一日警察局长”与“一日市长”。找个方法让你的孩子扮演别人的角色，包括你自己的角色。（学龄儿童、青少年适用。）

- **扩大孩子的“社交枢纽”**——孩子对于他们认识或与他们相似的人比较容易产生同理心。因此，你可以让孩子接触不同背景的人，包括不同种族、意识形态、性别、文化、宗教与年龄的人，借此扩大他的视野。然后向孩子强调：“他们的肤色和语言或许和我们不同，但他们的想法、感觉与需求和你没有两样。”（所有年龄层都适用。）

教导换位思考的五大须知

1. 试着用心站在别人的立场，是培育同理心的好方法。

2. 要了解别人的想法、感觉、欲望与需求，需要经过练习与具备某些能力。

3. 换位思考涵盖了许多可教导的技巧，包括情绪素养、情绪管理、想象别人的想法与感觉、解决问题，以及感同身受。

4. 协助孩子考虑他人的感觉、想法与需求，是提升同理心的有效方法。

5. 让孩子聚焦于自己的行为对别人产生的影响，可大幅提高孩子换位思考的能力。

最后的叮咛

黛比·帕克丝（Debbie Parks）是德国威斯巴登奥卡姆小学（Aukamm Elementary）的校长，她是一个了解学生需求、有同理心的教育工作者。这所小学是美国国防部在海外的陆军基地设立的学校。当 75 名学生家长被派往阿富汗时，她找到了一个独特的方法——通过换位思考安抚学生的心。帕克丝把学校的吉祥物——一只名为“公爵”的大熊填充玩偶，送到学生父母的驻守地，帮助学生了解父母的状况。美国士兵们抵达目的地后，立刻通过网络，把在各地拍的公爵照片传送回学校，然后帕克丝把这些照片张贴在校园各处。照片里展现了公爵在阿富汗的各种事情：走访孤儿院、抢救医院病患、与学生父母一同搭乘直升机、在军中食堂吃饭、进行体能训练，以及与军中官兵庆祝感恩节和圣诞节。

“当孩子看见公爵陪伴在他们的父亲（还有母亲）身边，他们便感到比较放心，”帕克丝对我说，“那只吉祥物是孩子在那段时期，最依赖也最需要的复原机制。”公爵也是那些派驻外地的父母与孩子联结的管道，使他们能安心完成任务。

11 个月后，当这些士兵从阿富汗重返家园时，他们的孩子张开双手，衷心欢迎父母的归来。公爵也跟随这些父母回家，安然无恙地重新回到学生的身边。

尽管换位思考的能力对孩子非常重要，但不要忘了，我们也要从孩子的眼光来看世界，这两者同样重要。成功的父母能清楚地理解孩子的生活里发生的事情，同理心的第三要素——换位思考，能帮助我们和我们的孩子开创美好的未来。

4

有同理心的孩子拥有道德想象力

·通过阅读培育同理心·

书可以让孩子进入另一个世界，升化他们的心灵。有一次我造访某所小学，看到走廊的公布栏上贴满了学生手撕的心形纸片，数量多到蔓延至上方的天花板和下方的地板。公布栏的标题是“一次用一颗心改变世界”。那些爱心很可爱，不过，公布栏变成这个模样的原委，才是这景象最动人的部分，同时也给我上了一课。

校长告诉我，这个公布栏一直是空着的，直到有一天，四年级学生莱恩在回家时经过这个公布栏，改变了一切。莱恩很少说话，认识他的人也不多，他的家里有一些状况。他的父亲有酗酒的习惯，并经常殴打他母亲，发生这些事情时，莱恩总是躲进自己的衣柜里避难。他害怕若是把这些事告诉别人，父亲会对母亲造成更大的伤害，于是他和老师与同学保持距离，而且总是保持沉默，借此保护自己。

莱恩母亲的状况时好时坏，她无法帮莱恩洗衣服，于是莱恩每天总是穿着同一套脏兮兮的衣裤上学。其他孩子经常因此嘲弄他、排挤他，他还遭到两个学生的霸凌。“莱恩，你的上衣真好看啊，”他们会如此嘲笑他，“你爸妈没钱买衣服给你穿吗？难怪没人理你。”

那天中午，莱恩的同学丹尼看见莱恩一个人吃午餐，他在莱恩身上发现了一件没有人注意到的事：莱恩看起来很寂寞。于是丹尼无视同学的劝告，问莱恩自己能不能坐在他旁边。莱恩后来告诉校长说，有人想要和他坐在一起吃东西这件事，实在令他非常惊讶，以至于他整个下午都在想这件事。他想要找个方法谢谢丹尼的善意。当他放学经过走廊的公布栏时，脑子还在想这件事。于是，他随手从地上捡起一张纸，撕出一个心形，在上面写着：“丹尼，谢谢你今天和我一起吃午餐。我很开心。——莱恩”，然后把这张心形的纸钉在公布栏上。

次日，一个学生看见了这个留言。他按照莱恩的方式，把一张纸撕出一个心形，在上面写了感谢某位同学的话。接下来，其他学生一个接一个照着做。我访问那所学校那天，已经有400多张心形纸片贴满公布栏和走廊。这一切都是某个孩子的同理心所引发的。我站在那里感受这群孩子的善意，然后回头再看看公布栏的标题“一次用一颗心改变世界”，这个标题起得实在是太好了：善意的能量向外扩散，打开了其他孩子的心，使得许多人开始站在莱恩那边。霸凌行为消失了，莱恩也交到了新朋友，而且变得比从前开朗许多。

但这个故事最有意思的转折点，在于丹尼为何会对同班同学莱恩产生同情心。原来，老师在课堂上朗读了埃莉诺・埃斯特斯（Eleanor Estes）的《一百条裙子》（*The Hundred Dresses*）。这是一本感人的书。主角旺达・佩特罗斯基（Wanda Petronski）是个安静的三年级女生，家境清寒，她总是穿着一条褪了色的蓝色裙子上学。和莱恩一样，旺达没有朋友，总是一个人坐着，自己和自己玩。有些同学总是拿她穿的唯一一条裙子嘲笑她。“你明天要穿什么？”其他女生会这么问她，她们知道旺达只有一条裙子。

有一天，旺达终于忍不住脱口而出："我家里有一百条裙子，而且是不同的颜色！"这句话引发了排山倒海般的嘲弄，最后，旺达的父母受不了女儿遭到的无情对待，全家人搬走了。后来，那些嘲笑旺达的女生发现原来旺达很有艺术天分：她家里确实有一百条裙子，只不过是画在纸上。发现这个事实后，那些女生开始产生罪恶感，但为时已晚。旺达已经搬走了，而她们再也没有机会弥补因为自己的冷酷行为而对旺达造成的伤害。

多年来，我也会朗读这个故事给无数的学生和我自己的孩子听，书都已经被我用得破破烂烂了。这个令人难忘的故事总是让孩子激动不已。我问他们："有没有人因为你的长相或你穿的衣服嘲笑你？或因为别人的外表奇特，就嘲笑或排挤他们？"有些孩子会缓缓举起手，有些则是看着地面。丹尼也是其中之一。"当老师问我们，那些女生原本可以做些什么事帮助旺达时，我想到了莱恩。"丹尼说，"莱恩很寂寞，而且其他人会嘲笑他，他就像旺达一样。那本书使我对莱恩和我自己有了不同的想法。它让我想做些什么事帮助别人。"

通过阅读培养道德想象力

大多数父母都认为阅读对孩子的未来非常重要，有许多资料也印证了这个看法。喜欢阅读的学生在学校的表现，以及学业与考试成绩都比不爱阅读的学生优秀。这些成就使爱阅读的青少年获得较大的竞争优势，包括申请大学入学及奖学金，甚至是薪资。这重要的因素使家教行业得以成为高达 10 亿美元的市场！父母都知道阅读能力是学业成就的关键，而且新的研究结果又带给“阅读力”更多的附加价值：阅读不仅可使孩子更聪明，还会更善良！

有个研究对 17000 多人从出生到 50 岁进行追踪，结果发现他们在 7 岁时的阅读程度，是预测未来社会经济地位最重要的指标。另一个研究也发现，孩子在 15 岁时是否喜爱阅读课外读物，是未来成就最重要的指标。

事实上，喜爱阅读这个习惯对于孩子现在与未来的成就，具有重大的影响力。

要孩子看书为何如此困难？

我们只需要让孩子多看一点书，他们就会更有成就、更有同理心，听起来似乎很简单。然而，在步调快速的数字时代，孩子养成阅读习惯变得更加困难。

让数字时代的孩子看书，是一件难事

现代父母最大的挑战，恐怕是把一本书塞进孩子的手里！有个研究对数千名8~16岁的孩子进行调查，结果发现，现在的孩子看的书明显比从前的孩子少。同龄人压力是原因之一。1/5的孩子承认，让朋友看见自己在看书是一件丢脸的事！若你正试图让孩子爱上阅读，那么这项发现可能会使你感到不安。孩子的阅读率不仅随着年龄增长而逐渐衰减，而且过去30年来，孩子的阅读率也呈现直线下滑的趋势。在17岁的青少年当中，有45%的人承认他们一年只看1~2本课外读物。除此之外，父母念书给孩子听的时间也减少了。1999年，父母每天读故事书给2~7岁的孩子听的时间平均为45分钟；到了2003年，这个数字下滑至30分钟左右。

超过半数的孩子表示，他们宁可看电视，也不愿看书（他们现在大多改由移动设备看电视节目）。除了看电视之外，孩子最喜欢的活动是看YouTube 影片、玩手游和 App，以及发短信。随着数字娱乐的选项变得更加多元，除非我们刻意为孩子安排阅读时间，并规定不联机上网的全家相处时间，否则孩子的阅读习惯将会持续衰退。

时间表排得满满的孩子

有个孩子对我说："我有好多功课和活动，根本没有时间看课外书。"而且他并不是特例。许多家庭都有这个情况，孩子的时间表排满了各种学业与体育活动，根本没有时间可以留给课外阅读。

尽管父母很担心孩子的阅读时间减少了，但现代父母读故事书给孩子听的情况也变得比从前少了。珍贵的床边故事传统正逐渐式微。只有64%的家长表示，他们会读床边故事给孩子听（而有91%的家长却是听着床边故事长大的）。最近的一项研究发现，28%的父母会利用移动设备播放故事或音乐，陪伴年幼的孩子入睡。孩子不再拥有听我们读绘本《晚安，月亮》（*Goodnight Moon*）与其他珍贵的床边故事的童年记忆。许多大人表示，全家人睡前阅读习惯的消失，是因为他们"没有时间"。

《玛德琳》（*Madeline*）、《星月》（*Stellaluna*）与《敌人派》（*Enemy Pie*）这类绘本不再陪伴我们的孩子，出版业的销售量也不断下滑。家长不再重视绘本，而是直接跳到文字书的阶段，认为这对孩子的学业成绩比较有帮助。但这个看法是站不住脚的：绘本所承载的情感内容远比文字书多，而这些情感内容对于同理心的培育至关重要（尤其在人生的头几年）。

数字设备的屏幕降低了阅读的乐趣

如今，会阅读的孩子比较喜欢通过电子产品看书。你可能会说："这是个好消息，现在的孩子仍然喜欢阅读！"但这个现象有个不利的地方：这些新式数字屏幕似乎无法让孩子的阅读体验变得更丰富。事实上，证据指出，通过纸本书阅读的孩子与只通过屏幕阅读的孩子相较，能够享受阅读的人数，前者是后者的3倍；表示自己有"最喜欢的一本书"的人数，前者与后者的比例是3∶2，而且前者的阅读能力比后者远高出许多。因此，尽管电子书很方便，而且正在流行，但它不一定能让孩子爱上阅读，对于孩子养成阅读习惯也不一定有帮助。

目前的教育着重于《共同核心课程标准》(*Common Core Standards*)[①]，这对于孩子的阅读素材有很大的影响。学校现在强调非小说文类的阅读，包括对较低年级的学生，在高中阶段尤其强调这一点。理由是阅读非小说类文章可提升学生的写作能力。或许是如此，但这种新课纲可能带来一个潜在的缺点：科学研究指出，文学小说有利于培育同理心与换位思考的能力，也可帮助我们欣赏与了解和我们不同的人(我所谓的“他者”)，是非小说阅读办不到的。

尽管如此，我们仍然可以为上述不利于培养阅读习惯的因素，找到解决的方法。近年来，关于阅读对孩子的发展所产生的影响，有许多惊人的科学新发现，有些甚至令科学家感到意外。

科学事实：阅读为何很重要

许多人都记得在童年时期曾有一个令自己感动不已的故事。我们怎么忘得了斯坦贝克《愤怒的葡萄》中的乔德一家人，在经济大萧条时期求生存的故事？书不仅能启发我们，也能提供面对人生的方法。桑达克的《野兽国》曾帮助我最小的孩子柴克克服对黑暗的恐惧。当故事的主角麦克斯对所有的

---

①《共同核心课程标准》(*Common Core Standards*)，一套全美各州教育主管于2010年共同发布的课纲参考标准，概括美国中小学生在各阶段所应掌握的知识与技能，是美国近代教育史上最重大的改革之一。

野兽大叫一声“停！”，那些野兽就会乖乖上床睡觉。而柴克也会学麦克斯对着黑暗的角落大叫一声“停！”，然后他就不再害怕黑暗了。麦克斯帮助柴克驯服了内心的恐惧！

书可为孩子打开理解其他领域与观点的大门，帮助孩子以敞开的心胸接纳个别差异，同时获得新的观点。我们过去总以为，好的故事能使我们拥有更深的感受力，现在，有研究可以证实这是真的。

加拿大约克大学与多伦多大学的研究人员，找到了令他们都大感意外的发现：相较于阅读非小说文类的人，读小说的人更能了解别人，以及理解他人的观点。表示自己较少阅读小说的成人，他们的同理心水平也相对较低。

还有一些研究发现，书也会对年幼的孩子产生影响。约克大学的心理学教授雷蒙德·马尔（Raymond Mar）发现,大人读越多故事书给年幼的孩子听，这些孩子想象他人想法与感受的能力就越强。学龄前孩子观赏电影（而非电视）也会产生这样的效果。

纽约新学院大学的研究人员致力于找出哪种类型的阅读素材最能有效培育同理心。参与者被分为四组，其中三组分别要阅读不同类型的短文：第一组读获奖的文学小说［例如:路易丝·厄德里奇（Louise Erdrich）、艾丽斯·芒罗（Alice Munro）或温德尔·贝里（Wendell Berry）的作品］；第二组读畅销小说［吉莉安·弗琳（Gillian Flynn）的《消失的爱人》（*Gone Girl*）、丹尼尔·斯蒂尔（Danielle Steel）的《母亲的罪恶》（*The Sins of the Mother*），或罗伯特·海因莱因（Robert Heinlein）的科幻故事］；第三组读非小说类文章（如《史密森尼》自然科学杂志的文章摘录，但这些好文章与文学或人物刻画无关)；最后一组不读任何东西。然后让参与者做纸笔测验，以衡量他们的同理心水平，同时还进行其他四个实验。

最后得到的结果相当有趣：阅读非小说、畅销小说或什么也不读的人，其表现没有显著变化；但阅读文学小说的人，其理解他人想法与感受的能力显著提升。即使只阅读 3~5 分钟的小说片段，即使参与者表示并不特别喜欢阅读文学小说，可他们的能力确实产生了变化！阅读文学作品（即使只有短暂的时间）能提升同理心，支持的证据不只呈现在纸笔测验上，还呈现在大脑造影上！

阅读时的大脑变化

当我们看完一部电影或一本很棒的小说后，激动的情绪往往久久不能平复，身体甚至无法动弹。现在我们知道，受影响的不只是我们的内心。数据显示，当我们辨识出别人的某种情绪时，我们的大脑实际上也会产生那种情绪。简言之，“我们模拟了别人的情绪状态”。这种神经的变化甚至显示在磁共振成像上，也可能改变孩子的脑部化学作用！

华盛顿大学的神经学家请志愿者阅读某些故事片段，然后检视他们的功能性磁共振造影（fMRI）影像。结果，他们的大脑造影与故事人物的行动所产生的脑活动竟然极为相似！当他们读到故事人物“拉扯电灯的开关线”的片段，控制抓握动作的大脑区域就会发亮。若读到人物改变所处位置（“穿过前门，走进厨房”），负责空间感知能力的大脑区域就会发亮。当我们阅读文学小说时，我们不仅感同身受，而且会跟着故事人物“做”他们正在做的事——我们的大脑会反映出他们的行动！密歇根大学的另一项研究，请志愿者阅读简·奥斯汀的小说，然后监看他们的大脑影像。当他们分析重要的段落时，大脑的血流量就会增加。好的阅读内容（尤其是文学小说）不仅会引发我们深思，还能把我们带往另一个世界，帮助我们对故事中人物的情绪产生共鸣，而且激发我们的大脑活动！然而，为何文学小说对于激发我们的同理心比较有效，而青少年爱看的吸血鬼与僵尸之类的畅销小说无法达到这样的效果?

文字小说为何能把我们带往另一个世界

科学家的理论是，优秀的文学小说着墨于人物的人生与试炼，而畅销小说的重点在于情节。我们花越多心力去找出人物的意图、情绪或想法，我们的同理心就得到越多的锻炼。因此,好的内容或场景(例如《杀死一只知更鸟》或《夏洛的网》)能使我们抓紧椅子把手，或掉下眼泪。我们真的对故事中的主角丝考特、小猪韦伯与其他角色的处境产生共鸣。我们站在他们的立场(至少在感情层面)，认同他们的不安，感受他们心中的伤痛。

有些作家尤其擅长帮助孩子站在故事人物的立场，并且诉诸孩子的想象力。贝芙莉·克莱瑞（Beverly Cleary）就是其中之一，也因此她的作品销售量超过9100万册。她创造的人物都很精彩，其中《小麻烦雷梦拉》(*Ramona the Pest*）的主角雷梦拉更是令人难以忘怀。雷梦拉也具备了科学家提到的培育同理心的重要特质。简言之，她的小读者对她的经验都能感同身受。

5岁的雷梦拉一直期待去上幼儿园，当她终于如愿时，整个人兴奋得不得了。不过她有点不受控制，大家都叫她小麻烦（但她不知道为什么）。她经常惹上麻烦，有一天，老师要她回家去，直到她愿意乖乖听话才能再回学校上课。而雷梦拉决意不再去上学，谁也说不动她。她说："如果大家不喜欢我，我为什么还要去上学？"

多年来，我曾朗读这本故事书给无数的孩子听，包括我儿子在内。一年级的学生在听故事的时候，会重新体验他们刚上幼儿园时，对于上学、交新朋友以及融入班上同学的担忧。当雷梦拉一次又一次惹上麻烦时，不少学生也显得坐立不安，因为他们觉得自己和雷梦拉一起惹上麻烦了！每当我读到雷梦拉被送回家"直到她学会乖乖听话"的段落，我可以感受到孩子们难过的心情。

"她觉得老师不喜欢她，"他们会喃喃自语，"她不想回学校是因为大家都觉得她是个小麻烦！"克莱瑞的文字总是能触动小朋友的心。毕竟，每个人（包括雷梦拉）都希望别人能喜欢自己，这正是我的学生心有戚戚焉的原因。然后，他们会身体向前倾，生怕错过任何可能让雷梦拉改变心意的故事情节。《小麻烦雷梦拉》是我每年必定会读给孩子听的故事，但有一年，它对某个孩子产生了不寻常的影响。

有个叫莫莉的女孩转进我担任咨询顾问的学校。刚来时她在学校里一个人也不认识，而她的父亲刚被派遣到阿富汗。对这个6岁的小女孩来说，适应新学校是一件很辛苦的事。但克莱瑞的书打动了莫莉的心。她聚精会神地听我讲故事，全身紧绷，而且非常专注。当她听到雷梦拉决定不再回学校时，显得相当不安。因为她知道没有人关心自己是什么样的感觉，她跟着雷梦拉一起感到伤心。我听见她轻轻叹了一口气，然后低语："别伤心，雷梦拉，快回学校！你会交到新朋友的！"而我能做的，就是继续读下去。

并不是没有人注意到莫莉的不安。班上的另一个学生安妮就坐在莫莉的旁边，她看见了莫莉的煎熬。我看得出来，她正在想自己该怎么做。我看到安妮再次看了莫莉一眼，然后，神奇的一刻出现了：她的同理心被开启了。她知道莫莉需要一个朋友，于是她向莫莉靠近了一些，把手臂搭在莫莉的肩膀上。这两个女孩一起听故事，两个人的身体靠在一起，手臂互相搭在彼此的肩膀上。她们与故事的主角，以及坐在身旁的朋友心灵相通。这印证了科学家所说的，对的书出现在对的时间会产生好的效果。

如何使孩子阅读有助于培育同理心的素材

一个5岁的孩子对同伴说："你当那个人，我来当这个人。"知名的认知心理学家凯斯·奥特利（Keith Oatley）的女儿正在和她的朋友玩假扮游戏。她们正准备看一部电影（她们显然已经看过很多遍了），并且各自扮演其中一个角色。奥特利知道，这两个孩子的假扮游戏还能让她们脱离自己的立场，去想象自己扮演的角色的想法与感受。当然，对这两个5岁的孩子来说，这只是个好玩的游戏。但这个有助于激发同理心的方法，已经得到了科学支持。

要通过阅读体察他人的感受，可利用假扮游戏养成这个习惯，而这种游戏有无数种玩法。一位俄勒冈州的高中英文老师，利用6双鞋子纸型帮助九年级的学生理解故事角色的观点。她利用莎士比亚的《罗密欧与朱丽叶》，让学生轮流穿上每个角色的鞋子，然后描述那个角色的观点与感受，包括罗密欧、朱丽叶、凯普莱特夫人、提伯尔特、茂丘西奥，以及劳伦斯神父。那位老师告诉我，这个练习不仅加深了学生对每个角色的了解，而且是他们最喜欢的测验之一。

一位住在利物浦的母亲说，她也采用了类似的练习，但她用的是真正的鞋子！当全家人读完《夏洛的网》之后，她在便利贴上写了每个人物的名字（夏洛、韦伯、芬儿和坦伯顿），然后粘在她丈夫的鞋子上。结果每个孩子都开心地跳进爸爸的大鞋子，假装自己是那个角色。

对于较年幼的孩子，你可以利用人偶、娃娃、填充玩具或者英雄公仔来代表某个角色。孩子心爱的泰迪熊可以假装是小飞象，其他的填充玩具则可以充当电影里其他的大象和乌鸦。你们可以一起演出其他大象和乌鸦嘲笑小飞象的情景。然后，你可以适时带出几个重要的问题："你来当小飞象。如果被大家排斥的人是你，你有什么感觉？"在对的时机提出对的问题，可以帮助孩子了解其他人的感觉与需求。通过练习激发孩子的同理心，永远不嫌太早，也不嫌太晚。

角色扮演与戏剧演出也可以扩展换位思考的能力。如果你家里有个爱演戏的小女孩，鼓励她表演某部电影或某个故事中的某个角色。你不必担心服装道具的事，只要几顶帽子、丝巾，甚至是毛巾，就能激发孩子发挥假扮的创造力，让他们进入别人的脑袋与心里。随着孩子逐渐长大，同理的能力也越来越强，你就可以抛开鞋子、帽子和人偶，鼓励孩子报名戏剧课，或者参加附近剧场的演出。秘诀在于找到对孩子有意义的方式，以及适当的阅读素材，帮助孩子想象另一个世界。

培育同理心的利器：提出问题以激发道德想象力

让孩子学习从感性的角度阅读，以提升道德想象力的方法有很多。下列练习可以帮助孩子融入别人的立场，从新的观点看世界。这个练习包括三个步骤，请选择最符合孩子能力的步骤，练习到他能不假思索地使用这个技巧。

步骤 1 ：问孩子“假如……”

运用“假如……”这种问题是帮助孩子站在别人的立场，从自己的观点思考角色的第一步。你可以利用下列问题来激发孩子的同理心：

▲ 假如你是那个角色，会怎么样？

▲ 假如你是那个角色，你会做出相同的选择吗？

▲ 假如是你，你接下来会做什么？

▲ 假如是你，你会给什么忠告？

▲ 假如你是个算命师，你认为（某个角色）接下来会做什么？

▲ 假如是你，你会做同样的事吗？

要让这个方法发挥最大的效果，你可以在看电影或读故事的过程中，遇到重要的段落时暂时停下来，问孩子这些问题。请留意：不要暂停太多次，或提出太多问题，否则孩子以后就不想和你一起看电影或看书了！

步骤 2：问孩子“你会有什么感觉？”

对的问题也可以帮助孩子反思，自己是否曾有过和故事角色类似的感受或想法。你的问题仍然要聚焦于孩子的想法，只需稍加提示，帮助孩子体会与思考角色的背景。

▲ 你有过相同的经验吗？你当时有什么感觉？

▲ 仔细看那个角色的表情……你觉得她心中有什么感觉？你有过那种感觉吗？

▲ 那个角色发生了什么事？你觉得他这会在想什么？你有过相同的想法吗？

步骤 3：把焦点从“我”转换成“你”

最终的目标是帮助孩子想象他人的想法或感受。你可以通过适当的问题，提醒孩子从以“我”为出发点的思考，转换为从“你”为出发点的思考。请参考下列问题：

▲ 假装你是那个角色，你觉得她现在有什么感受？她需要得到什么，才能觉得好过一点？

▲ 假装你会读心术……你觉得他在想什么？

▲ 想象你是那个人，她对自己的处境（无家可归、不快乐、被霸凌、被忽略）有什么感觉？

当孩子转换角色的能力提升后，你可以提醒孩子，每当他阅读一本特别的书或观赏一部特别的电影时，试着采用“从我转换成你”的练习。你可以说：

“当你阅读时，问问你自己‘这个角色的感受是什么？’”

如何帮助孩子提升道德想象力

运用文学作品与电影激发孩子的同理心，使他们敞开心胸、关怀他人，以及发展他们的认知以提升学业成就，可以采用的方法有很多。一个秘诀是设法让这些活动既有趣又对孩子有意义，而且要让阅读素材符合孩子的能力和兴趣。请你每隔一段时间就问孩子："你最近一次读到一本很棒的书，是什么时候的事？”如果孩子一脸茫然，代表你需要花点力气让阅读变得更有意思。下列方法可能有助于让孩子爱上阅读。

- **让书本变得唾手可得！**研究显示，家里的书越多，孩子爱上阅读的概率就越高。你不需要为此倾家荡产，但你应该在家里摆放一些可提升同理心的书。把尘封已久的借书证挖出来，去买二手书，和邻居交换书来看，全家人一起听有声书！不要忘了在孩子的背包里或车上多放一本书，让孩子“万一得空”时有书可看。
- **按照孩子的兴趣选书。**让孩子爱上阅读的秘诀之一，是寻找能让孩子产生认同感的题材。如果你的女儿喜欢马，《黑神驹》（*Black Beauty*）或《玉女神驹》（*National Velvet*）可能很适合她。《穿条纹睡衣的男孩》（*The Boy in the Striped Pajamas*）、《偷书贼》（*The Book Thief*）和《特别响，非常近》（*Extremely Loud and Incredibly Close*）这些电影，或是《红色羊齿草的故乡》（*Where the Red Fern Grows*）、《通往特雷比西亚的桥》（*Terabithia*，电影《仙境之桥》原著小说）这些书，可以让爱装酷的较大孩子也为之动容。要为青春期的孩子寻找合适的书，可以参考一些在线资源，比如“你的最爱：100本经典青少年小说”，这些书是75000多人票选出来的青少年推荐好书。你也可以参考“同理心图书馆”，这是全世界第一个提供了有助于培育同理心的推荐好书或电影的在线图书馆。

- **按照孩子的阅读程度选书。**如果你的目标是让孩子爱上阅读，那么千万不可操之过急。大多数的教育工作者会建议，为了让孩子爱上阅读，最好选择稍微低于孩子学业程度的书。请查看一下孩子最近的成绩单，或阅读相关能力的成绩，了解孩子的阅读程度。或在下一次开班会时，询问老师孩子目前的阅读程度是什么。许多童书的最后面会标示阅读程度。你必须寻找适合孩子阅读程度的书，根据孩子的测验成绩，而不是他的年龄或年级选书。

- **寻找好的参考资源！**假若你难以找到合适的书，可以询问负责童书的图书馆员，他们是最佳咨询对象！你也可以参考阅读首选指南书，例如：帕姆·艾林（Pam Allyn）的《适合男孩阅读的好书》（*Best Books for Boys: How to Engage Boys in Reading in Ways That Will Change Their Lives: K-8*）、劳拉·贝克斯（Laura Backes）的《专为以为自己讨厌阅读的孩子挑选的好书》[*Best Books for Kids Who (Think They) Hate to Read*]、伊丽莎白·拉威·威尔逊（Elizabeth Laraway Wilson）的《孩子爱的书》（*Books Children Love*）、爱斯米·科德尔（Esme Raji Codell）的《如何让孩子爱上阅读》（*How to Get Your Child to Love Reading*）、吉姆·崔利斯（Jim Trelease）

的《朗读手册》（*The Read-Aloud Handbook*）。请让孩子自己选书：89%的孩子表示，他们最喜爱的书是自己挑选出来的书！

- **不要停止为孩子朗读！** 一般而言，孩子在 8 岁时不再为了兴趣阅读。讽刺的是，大人通常从这个时候开始，不再念书给孩子听。因此，请不要停止为孩子朗读。找一本全家人都喜欢的书，经常朗读给全家人听。另外，你要让孩子经常看到你书不离手。喜爱阅读的家长教出的孩子，通常也有较强的阅读能力。

适用于不同年龄层的方法

有个父亲带儿子去看《让爱传出去》（*Pay It Forward*）这部电影，与孩子共度愉快的亲子时光。这部电影讲的是，有一个老师指派一项作业给学生，要他们想出一个改变世界的方法，而且要付诸行动。有个学生想出了一个方法：受人帮助后不是回报对方，而是向外传——不是报答善行，而是为另外三个人做一件好事。崔佛 · 法瑞（Trevor Ferrell，详见第9章）不只帮助了身边的人，还将善行不断向外扩散到自己完全不认识的人身上，让这世界变得更好。

“我看过这部电影的评论，觉得马克可能会喜欢这部电影。”那位父亲如此对我说，“我只是没想到，它对马克产生了这么大的影响。电影结束后，马克久久没有回神，那时我就意识到，这部电影触动了他的心。马克对我说，他一定要做些事，帮助城里那些无家可归的孩子。当我们回到家时，他已经想好要如何为那些孩子募集鞋子，而他后来也办到了。”

我们永远不知道什么会让我们的孩子产生共鸣。事实上，激发同理心的最佳时刻，往往不是事先计划好的。因此，若你发现孩子被某本书或某部电影深深触动，请善用那个时刻。下列方法有助于在日常生活中，帮助孩子（基于提升感性能力或阅读乐趣）养成阅读的习惯。请顺着孩子的兴趣，采用有趣的方法，就像马克的父亲一样。

- **腾出阅读的时间**。许多孩子表示，他们不再看课外读物的主要原因，在于他们“没有多余的时间”。因此，请你查看一下孩子的时间表，看看能不能找到可以取消的活动。每星期只要挪出看一个电视节目、玩一次手游，或参加一次课外活动的时间，就能得到30分钟的阅读时间。每天只要抽出短短几分钟，就能养成阅读的习惯。（所有年龄层都适用。）
- **用最舒服的方式！**与孩子建立感情最好的方法之一，是与孩子共读一本好书。以前，我的孩子（还有我自己）每到星期六下午，总喜欢在牌桌上盖一条床单，把它当作我们的秘密基地，然后爬到桌子底下一起看书。建立一个适合全家人的阅读习惯——不论是星期日下午窝在壁炉边或坐在草地上看书，或睡前的床边故事都好。这种习惯可以传达“书能安慰心灵”的含义给孩子，在孩子心中种下同理心的种子，让孩子渐渐爱上阅读。（所有年龄层都适用。）
- **开始举办全家电影之夜！**广受许多家庭喜爱的电影，例如：《绿野仙踪》《夏洛的网》《肖申克的救赎》《偷书贼》《国王的演讲》等，往往会触动孩子的心。何不开始定期举办全家电影之夜？只要订下日期，租借或下载影片，准备好爆米花，你就可以开始创造属于全家人的回忆。有些朋友之间会举办“夏日电影之夜”：参与的朋友轮流在屋外挂起一张床单，准备好DVD播放器，在草地上铺几条毯子，播放一部经典好片，例如：《荒野生存》《弱点》《局外人》《十月的天空》《外星人E.T.》《早餐俱乐部》等，让大人与小孩一同欣赏（请你先看一遍电影，确定它适合所有的人观赏）。（所有年龄层都适用。）

- **让孩子自己编故事的结局。**扩展观点的一个方法是，让孩子在看到故事结局之前，自己先编一个结局。当孩子即将看到电影或书的结局时，先暂停一下，问孩子这些问题：“想象你现在是主角，你会怎么做？”“你觉得会发生什么事？”“假如你是作者（或导演），你会安排什么样的结局？”然后让孩子把电影或书看完。接下来，你们可以投票决定你们喜欢哪个版本：孩子的或作者的版本？（所有年龄层都适用。）

- **与孩子分享你的感受。**有一个简单的方法可以帮助孩子了解他人感受、想法、愿望与背景，那个方法就是父母与孩子谈论自己的感受。假设你正在和孩子一起读《绒布小兔子》（*The Velveteen Rabbit*），你发现你们两个人都红了眼眶，不要隐藏你的感情：抽一张面纸，把孩子抱在怀里，然后与孩子分享你的感受！这么做不只能与孩子心灵相通，你还可以利用这个机会教导孩子了解各种感觉。所以请不必害羞，尽情与孩子分享你的感受：“他们对待小飞象的方式让我好难过。你呢？”或“那些女孩对待彼此的方式让我好生气，我的心好痛，你呢？”与孩子谈论情感可以帮助孩子培养情绪素养，同时激发孩子的同理心。（所有年龄层都适用。）

• **玩感觉的游戏。**插图承载满满情绪的绘本可以帮助孩子学习感觉词汇，而感觉词汇有助于提升孩子想象他人观点与心情的能力。假设你和孩子正在读莫莉·卞（Molly Bang）的《菲菲生气了》（*When Sophie Gets Angry——Really, Really Angry*），你可以指着描绘不同情绪的插图，和孩子玩感觉的游戏："菲菲的脸看起来怎么样？对，她看起来很生气。她为什么这么生气？你学苏菲做一下生气的表情。"或许你们正在读朱迪思·维奥斯特（Judith Viorst）的《亚历山大和倒霉、烦人、一点都不好、糟糕透顶的一天》（*Alexander and the Terrible, Horrible, No Good, Very Bad Day*），你可以指着插图说："看看亚历山大的脸！这种感觉叫什么？你可以想象他现在的感觉吗？用你的身体表演一下，你觉得亚历山大心里是什么感觉？"（幼儿、学龄儿童适用。）

• **带着感情朗读！**除了脸部表情与肢体语言之外，孩子也必须通过语调学习辨识感觉。带着感情朗读可帮助孩子明白语调也能传达情绪。你可以用不同的语调（无聊、兴奋、疲倦、悲伤、生气）朗读同一个段落。假装你们是演员，请对方猜出你的语调想传达什么感觉。（幼儿、学龄儿童适用。）

• **运用有声书。**别忘了和孩子一起听有声书。全家人一起听有声书，可以提升孩子的理解力与语言处理能力，同时创造属于全家人的回忆。你可以把有声书下载至孩子的 MP3 播放器。请配合孩子能专注的时间长度，让孩子听有声书。青春期的孩子可能喜欢看《吸血鬼日记》或《饥饿游戏》，但别忘了让孩子有机会听一听经典小说的有声书，如《杀死一只知更鸟》《奇迹男孩》《美丽新世界》以及《记忆传授人》，这些书更能激发孩子的情绪想象力。（所有年龄层都适用。）

• **成立读书会！** 1/5的孩子表示，他们不喜欢阅读的原因是，“如果让朋友看见我手里拿着书，会觉得很丢脸”。因此，你可以考虑让孩子和他的朋友加入读书会！各种类型的读书会近年来越来越受欢迎，包括母女读书会、父子读书会，以及“只限儿童”的读书会。父母可以通过这种轻松的方式增进亲子间的感情，同时培养孩子对阅读和语文的喜爱，提升孩子的语文能力，以及从感性的角度阅读的能力。最重要的是，许多孩子因为有同龄人的陪伴开始喜欢读书会，而且爱上阅读。要知道如何成立读书会，可以参考苏伦·汉金斯（SuEllen Hamkins）与蕾妮·舒兹（Renee Schultz）合著的《母女计划》（*The Mother-Daughter Project*）、朱迪·吉尔曼（Judy Gelman）与维姬·利维·卡洛普（Vicki Levy Krupp）合著的《孩子的读书会》（*The Kids' Book Club Book*），以及梅丽莎·史托勒（Melissa Stoller）与马西·温克勒（Marcy Winkler）合著的《亲子读书会》（*The Parent-Child Book Club*）。（学龄儿童、青少年适用。）

• **一起读小说。** 上网查询学校老师开的阅读书单（或检查孩子背包的底部），然后每种书都准备两本：一本给你，一本给孩子。你们虽然不会一起看书，但你可以借机和孩子讨论这些书，与孩子分享你的想法，同时听听孩子的看法。许多父母会和孩子一起读哈利·波特系列小说，然后一起去看电影。（学龄儿童、青少年适用。）

• **检查孩子阅读的内容。** 有时候，我们为了让孩子开始阅读而降低了阅读素材的标准，但请你小心了：新的研究发现，一本青少年畅销小说一般会出现 38 次脏话（这相当于孩子在每小时的阅读时间里，会遇到 7 次出现脏话的情节）。因此，请你看一下这些书的评论，或用最老套但最有效的方法：随便翻阅一下孩子正在看的书，检查一下内容是否妥当。（学龄儿童、青少年适用。）

培育道德想象力的五大须知

1. 现代孩子的阅读意愿比前几代人薄弱许多。点燃孩子对印刷文字的热情，是我们希望孩子养成阅读习惯所要面临的第一个挑战。

2. 随着数字娱乐的选项越来越多元，孩子就越没有时间养成阅读习惯。因此，刻意安排不联机上网的全家人阅读时间，就成为一件非常重要的事。

3. 阅读文学小说（即使只有短暂的时间）有助于同理心与换位思考能力的提升，至少可以获得暂时性的提升。

4.通过纸本书阅读与只通过屏幕阅读的孩子两相比较，表示享受阅读的人数，前者是后者的3倍；表示有最喜欢的一本书的人数，前者与后者的比例是3：2，而且前者的阅读能力比后者远高出许多。

5. 若想通过阅读文字作品帮助孩子学习站在角色的立场思考，要寻找符合孩子兴趣与阅读能力的素材。

最后的叮咛

书可以触动我们的心，引发我们的好奇心，创造永生难忘的记忆，将我们带往另一个世界。有时候，书会唤醒我们的良知、转移我们的观点，或激发我们的情感，使我们为了创造更美好的世界挺身而出。好的书比任何学习主题和说教更能激发孩子的同理心。当好的书遇到了对的孩子，就为孩子打开了通往人性关怀的大门。这个时代的孩子宁可发信息也不愿阅读，这将是我们必须面对的艰巨挑战。若我们的孩子没有养成阅读的习惯，他们将难以提升想象他人感受与需求的能力，也将难以通过同理心优势创造精彩的未来。

Part 2

实践同理心

人生最美丽的补偿之一，就是人们真诚地帮助别人之后，同时也帮助了自己。

—— 埃默森（Ralph Waldo Emerson）

5

有同理心的孩子能保持冷静

·管理强烈情绪及精通自我调整·

距离圣地亚哥诸多优美海滩10分钟车程的城市高地（City Heights）有当地为数最多的低收入及多元文化家庭，爱碧芬妮预备特许学校（Epiphany Prep Charter School）就在城市高地正中心。这里的教职员勠力同心，为学生升大学及将来的就业做准备，也带孩子认识生命。我曾到过那里，了解他们如何教育“全人儿童”。

许多学生都经历过小区暴力，受到了很多的伤害。无止境的压力降低了孩子的专注力水平、韧性及心理健康水平，这些也会危及孩子的学业成就。同时，压力也会影响到同理心。当你处于“生存模式”时，你很难与他人同感。看到别人深陷痛苦你会受不了，因此产生“同情心衰竭”，关闭了同理心。

这里的老师无法改变孩子的家庭环境，但他们能在课堂上教孩子如何适应。家长也是一样：虽然我们管不到家门外的事，但我们可以提供孩子面对生活的方法。自我调整便是有效的工具之一，它包括的技巧有自我觉察、自我管理、情绪素养及问题解决。

二年级的老师梅拉·雷耶思（Mayra Reyes）通过一个名为“修复式正义”（restorative justice，RJ）的特别程序教导这些技巧。在这个过程中，受害者、加害者及小区人士会一起讨论问题，想出解决方案，目的是要让加害者“通过道歉或某种程度的补偿来弥补他所做的伤害”，也因此修复他与受害者的关系。

我在卢旺达看过胡图人及图西人在经历恐怖的种族大屠杀之后，双方冷静地倾听彼此的观点，从那之后我便成为修复式正义的信徒。“如果他们能做到，任何人都能做到”变成我的口头禅。我明白了修复式正义对建立同理心非常有帮助，那天我看到了这过程怎么应用到年幼的孩子身上。

在孩子上学之后，便经常会遇到冲突。“孩子除了武力解决之外，不知道其他解决方法。”雷耶思这么告诉我。于是她采用了修复式正义模式，让她教的二年级班上同学可以学习自我调整、解决冲突及改变观点。她首先教他们了解情绪，这样孩子才能辨识出自己的感觉，在遇到问题时冷静下来讨论。教室里有个“冷静角落”，让学生可以减轻压力。然后她教了三个能帮助学生和平解决冲突的简单步骤：

1. 说出问题——“今天我在什么时候遇到了问题……”

2. 说出感觉——“我现在觉得……”或“我那时候觉得……”

3. 找出方法——“可能的短期／长期解决方法是……”

短期解决方法可能是道歉，一起做张卡片或者通过短剧示范正面行为。长期解决方法可能包括与学生订立行为契约，或者成为课堂修复式正义的专家。在长期反复练习之后，学生会慢慢习得这些技巧，并且能加以应用。

“有人有需要帮忙解决的问题吗？”雷耶思问道。学生们都很兴奋地在地毯上围坐在一起。我即将看到修复式正义团体的活动进程。

华妮塔举起手，雷耶思将发言盒交给她，这是一个红色礼物盒，提醒学生“发言是项礼物，发言者正在传授重要的知识”。团体规则要求只能提及在场同学的名字，说话要正式（“就像在跟校长讲话”），而且只有拿到发言盒的人可以说话。这些也是重要的家庭会议规则。

“我今天遇到一个问题，”华妮塔开口了，“佩卓在计算机教室骂我。”她请同学帮助她找出解决之道。

接下来换佩卓讲话（学生可以选择退出团体，私下讨论，但佩卓愿意公开面对）。“我今天跟华妮塔发生争执，”他说，“她在桌子底下用脚踢我，所以我骂她笨蛋。”

接着，佩卓及华妮塔表达出他们的感受。华妮塔说：“我觉得很危险。”佩卓说：“华妮塔让我很不高兴。”

然后佩卓及华妮塔可以各自请两名同学分享长期或短期的解决方法。

华妮塔选了克里斯汀娜及罗悟，克里斯汀娜建议佩卓向华妮塔道歉，罗悟建议他们俩互相握手，并向对方说“对不起”。

佩卓请两名同学提供意见，艾萨克提议佩卓或华妮塔换位子，伊里亚纳建议佩卓往后坐一点，“这样他就不会被踢到了”。

最后就是由佩卓及华妮塔来做决定。这两个曾发生争执的孩子低声商量讨论之后，向大家宣布他们的决定。他们两个一起拿着发言盒，表示他们“同声一气”。

“我们的短期解决方法是向对方道歉，因为我们两个都做得不对。”华妮塔说。

“我们的长期解决方法是希望能换位置，这样子我们就不会吵架了。”

同学们爆出如雷掌声，为这两位同学解决了问题感到高兴。佩卓及华妮塔也如先前的承诺，在同学面前握手言和。

这些孩子管理情绪，表达自己的需要，了解彼此的观点，创造出双赢的解决方法。有位 8 岁小孩告诉雷耶思：“虽然我们是小孩子，但不代表我们不能做大事。”

“一开始他们想到的解决方法都只想到自己，因为他们想解决‘自己的’问题，”雷耶思告诉我，“但后来他们开始倾听对方，站在对方的角度，为对方着想。”

这间学校的名字爱碧芬妮（Epiphany）原本的意思是“顿悟某事，产生全新或清晰的看法”。雷耶思的修复式正义团体为她的学生创造出这种顿悟时刻。他们不只学到自我调整，还学习到如何和平地解决问题，扩大了同理心：这是每一个孩子都需要的顿悟。

学习做到自我调整

在这本书的第一部分，我们讨论了培养同理心的四大要素：情绪素养、道德认同、换位思考及道德想象力。每一点都会帮助孩子更加仁慈，获得同理心优势。然而，培养同理心只是第一步，下一步是要帮助孩子在日常生活中实践同理心。为了做到这一步，孩子必须学习新的习惯——首先是学习自我调整，自我调整能让孩子了解自己的情绪，并进一步明白他人的感受；其次再冷静下来思考如何帮助他人。如果孩子不知道如何管理情绪，就很难培养同理心。如果他们因感受到他人的痛苦而心情不好，或许他们会关闭同情他人的本能，只在乎自己，想不出帮忙的方法。焦虑及压力会破坏同理心。

管理情绪有助于孩子放下自己，对别人“伸出援手”。这能帮助孩子从自我中跳脱出来。以下是孩子告诉我，他们最需要培养的习惯：“没有人告诉我怎么冷静！”“看到其他小孩霸凌凯文，我好难过，可是我想不出怎么帮助他！”“我需要有人告诉我怎么闭嘴，别再八卦了。”

培养自我调整的能力，能增强孩子的同理心，而且还会带来令人惊喜的额外好处。管理情绪的能力要比智商更能预测学业成就，还会使孩子在成人之后更加健康、财务更加稳定，并且能提升孩子的韧性，使其在受到挫折之后更快恢复。自我调整有助于填补同理心断层（感受到他人的痛苦，却无法采取行动响应），使孩子更能感受到同理心，并且做出慈悲的反应。

这一章所提供的方法，已被证实能提高孩子自我调整的能力。最重要的是，学习这些习惯，不管是在现在，还是未来，都会强化孩子在每一个领域的发展，包括认知、道德、社交及情感等。

要孩子保持冷静为何如此困难？

舒适椅（Peace Chairs）、安静时间、冷静角落及修复正义团体正从全美各地冒出来，帮助“史上压力最大的一代”。教育者意识到，差劲的自我调整技巧会使孩子的学业成就及同理心水平降低。以下提出原因解释为何当今孩子在自我调整上遇到困难，同理心断层变大，无法帮助别人。

焦虑的孩子

忘了童年无忧无虑的景象吧！如今的青少年受到了前所未有的压力：有1/3的孩子说他们觉得“承受不了”。尤其值得注意的是，当今孩子的压力已经到了我们的压力顶端。过去20个月，大学生中每6人就有1人被诊断出有焦虑症，儿童焦虑症比例上升了25%。病因包括经济困难、创伤、攸关成败的考试、霸凌，以及日常的行为表现压力。有一个不变的事实是：压力升高，孩子就糟糕。

未经处理的压力不只会损害判断力、记忆力及自制力，还会影响我们的同情本能。焦虑会让我们忽视他人的感受，不替他人着想，使我们更加以自我为中心（也就是所谓的“自拍症候群”），并扩大同理心差距。当孩子感到苦恼时，要孩子去关心别人的痛苦，伸出援手，是很困难的。因此，我们必须及时教导孩子减轻压力，了解压力来源，并教导他们用健康的方式去处理具有破坏性的情绪。

歌颂暴力行为

我们的媒体（注：指美国媒体）会被称为“史上最暴力媒体”是有原因的。孩子到小学毕业时，从各式各样的屏幕，包括录像画面、电视节目及线上节目，平均目睹了8000桩谋杀案；到18岁时，则已看过20万件暴力事件。

除此之外，还有游戏产业。加拿大的布洛克大学曾做了一项深度研究发现，过度暴露在暴力影像中，也会减缓孩子的道德成长，并削弱孩子对他人感同身受的能力。有很多孩子，每天上线的时间（7个小时以上）几乎是一份全职工作的时间。孩子看得越多、经历越多暴力（不管是在学校、家庭里看到的，或电视、电脑、电玩里充斥的，甚至直接是暴力受害者），就越会认为这是“正常、普遍、可接受的”，也会使孩子更不去克制自己对他人的暴力行为。

观看暴力也会改变孩子的大脑。大脑扫描发现，尽管孩子先前并非重度电玩爱好者，在打暴力型电玩一个礼拜后，大脑调整情绪、注意力及专注力的部位活动还是会减少。应该更加密切关注孩子接触媒体的时间，并留心同理心差距。

表现不佳的家长

孩子学习自我调整最有效的途径便是观察他人，但家长往往不是最佳典范。我们不时就从新闻报道上看到，家长在孩子的运动赛事甚至高中毕业典礼上丑态毕露的模样。事实上，家长行为表现不佳已造成困扰，如今“美国足球”会指示裁判如何处理“观众虐待”。其他组织如少棒联盟、华纳少年足球联赛及美国网球协会也都很关注家长在运动场上的差劲表现，还专门针对这些行为不端的大人修订政策。毫无疑问，孩子会从银幕上及现实生活中观察我们的行为，而这正影响着他们的品格。

有项针对1000名孩子（无论家长是在家或外出工作）的调查显示在妈妈惹怒孩子时，孩子会在控制脾气那一项给妈妈最低分。如果家长无法以身作则，示范自我调整或同理心，孩子要如何学会？请自问：在行为管理上，孩子会给我打几分？

一心多用的年代

如今的孩子在做功课、吃东西、聊天的同时，还忙着发短信、加好友等。即使表现最佳的时候，大多数孩子也无法专心做功课超过2分钟，而不使用社交媒体。然而，分心意味着孩子的大脑必须在几件事之间来回转换，这会付出“转换代价”，包括认知能力减弱、心智疲劳及同理心降低。单只是把手机摆在旁边（没有查看手机）的这个行为都会降低同理心。

很明显的事实是，如果孩子把注意力放在短信或计算社交网站的好友数上，他们就没把注意力放在人身上。“如果孩子没有建立起集中注意力的神经回路，”丹尼尔·高曼（Daniel Goleman）说，“他们在控制情绪及同理他人上就会出现问题。”一项针对青少年女孩所做的大型调查发现，她们一心多用及使用数字设备，与社交及情绪技巧变差有关。

一心多用是另一个会扩大同理心差距的趋势。是时候请爸妈们再度告诫孩子:“关掉它,在我跟你讲话时,请看着我。”并且,也请父母自己要说到做到。

暂且不谈一心多用的文化、暴力媒体及表现不佳的家长，自我调整能力也不是与生俱来，而是可以教导的。自我调整习惯的养成已刻不容缓：孩子的学业成绩、心理健康以及同理心商数（empathy quotients）都危在旦夕。

科学事实：如何教导自我控制

图利达小学（Tulita Elementary School）位于雷东多海滩（Redondo Beach）距离太平洋不远处，学生的人口组成相当多元。我到这里参观詹尼弗·贝尔（Jennifer Bell）带的一年级班级，看她怎么上正念课程（让人“如实地觉察当下”的课程）——近年来这类课程相当受到瞩目，在Google上有上百万的点击数。今天她要教与正念相关的神经科学，她的学生和我都兴致盎然。贝尔举着上臂（手肘弯曲，手掌握拳，以四只手指将拇指压在掌心）向7岁大的孩子解释大脑的运作。“脊柱（由手肘往上摸到腕关节）把信息传送到你的大脑。当你感到紧张时,脑干(指着手掌心)控制你的呼吸及腹部。在这附近有杏仁核（指着手指底下），当你感到有压力时，它会想要采取‘战或逃反应、冻结反应’。当它感到威胁时，它会很快发出危险信号，我们的身体就会进入警戒状态。当你不高兴时，你怎么知道自己不高兴？”她问。

“我很生气时，我的头就会痛。”有个男孩说。

“我的心脏会感觉到。”绑马尾的女孩说。

“我们的身体会发出要我们倾听的信号,”贝尔说,“这里是你的前额叶(四只弯曲的手指)，也是你的‘智慧领导者’。当我们很激动、杏仁核很不开心的时候，我们的呼吸会越来越快，我们的心脏也会越跳越快，前额叶就无法思考，所以我们会‘打开’盖子（她的拳头整个打开）。”

“要是我们很不高兴，前额叶无法思考，杏仁核发出警告信息时，我们可以怎么做？”她问。

所有的 7 岁小孩异口同声地说：“好好呼吸！”

“对了！”贝尔说，“我们要做的就是冷静下来，吸气……吐气。然后，你的前额叶就能再度成为你的‘智慧领导者’。记住，只要好好呼吸！”

我刚刚看到了对于情绪脑的最佳解释之一，而且是教导一年级的小朋友。贝尔所教的来自丹尼尔 J. 席格（Daniel J. Siegel），加州大学洛杉矶分校正念认知研究中心主任，也是临床精神医学教授。她所教的内容引起共鸣：这些年幼的学生都“懂了”。

我意识到父母经常犯的错误：在教孩子某项技巧时，没有向孩子解释背后的科学。这么一来，孩子何必费力学习，让它成为习惯呢？这些小孩告诉我，他们为何应该练习呼吸（“呼吸会帮助我冷静下来”“呼吸会让我的大脑清醒”“我没办法闭嘴，还打了我妹妹”），而且他们把贝尔教给他们的内容看得很重要。

孩子还很想让我看他们这一年来所做的呼吸练习。贝尔带领他们：“找到一个安静的地方躺下来。闭上眼睛，用鼻子吸气，然后吐气。把注意力放在每一次呼吸上。记得，只要注意呼吸。”不到几秒钟，整间教室鸦雀无声：学生们平躺在地毯上，眼睛闭起来，深深地呼吸。我发誓有两个男孩睡着了，我也提醒自己晚上要来做呼吸练习。

在我离开时，孩子们正把他们最喜欢的呼吸方法图示粘在纸做的头套上，这样他们在家里就会记得如何使用这些方法：最上头有“好好呼吸”几个斗大的字。“我想帮助我的学生学会一生都能使用的方法。”贝尔告诉我。

我毫不怀疑这些呼吸方法还有这位老师，将会深深烙印在这些孩子的记忆里，久久难忘。

被误解的“认知风潮”

“正念”是热门的话题。在心理学、商业、医疗及教育界广受欢迎，研究也证实正念对成人及孩子帮助甚大。然而这场革命的展开，是始于对情绪力量的惊人发现。人们通常以为如情绪素养、同理心、自我调整及专注力等技巧，是跟遗传有关。同时，情绪及社交技巧“有了也不错”，但是对于“孩子迈向成功”的伟大目标，却不是那么重要。所以我们集中精力在我们认为会给孩子带来“简历优势”的课程（钢琴、机器人、中文、专属家教），因为我们听了太多“对认知能力的推崇”。毕竟，学校成绩、常春藤名校入学许可及职业晋升，全都仰赖“认知”能力，不是吗？

后来，有一股清新的研究潮流开始转向发现认知理论的坑洞。虽然认知能力很重要，但我们一面倒的做法，让孩子忽略了情绪与同理心有助于孩子获得成功幸福的惊人力量。事实上，我们没有给孩子应有的未来。

自我调整：成功的秘密

“认知风潮”是开始于斯坦福大学的传奇实验——对学龄前儿童所做的“棉花糖实验”。20世纪70年代，如今已是知名心理学家的沃尔特·米歇尔（Walter Mischel）邀请一群4岁大的儿童到“游戏室”，那里摆着棉花糖（以及其他点心），让他们选一颗。然后挑战来了：“你想要现在吃那颗棉花糖，还是等到我回来，你就可以有两颗？”对任何小孩来说，等待都是困难的，尤其是学龄前儿童。然而，还是有1/3的小孩选择等待，并因为展现了自制力，而获得更大的奖赏。

当研究者追踪这些小孩时，他们发现有显著差异。到高中时，那些可以“克制自己现在就拿”的孩子，SAT 成绩高于那些 4 岁时“无法等待”的孩子，达到平均 210 分。40 年后（米歇尔至今仍在追踪这些孩子），那些自制力较强的孩子，更具有社会竞争力，更能自我肯定，也较能面对人生的挫折。前一阵子米歇尔向世界宣告他的顿悟：这 40 年来，他认为学龄前儿童的“等待”能力是跟天生的气质有关。但是科学的进步显示，自我调整是可以教导的。

接下来是在新西兰达尼丁对 1037 名孩子（所有孩子都在同一年出生）所做的长期研究，追踪时间长达 40 年。研究结果显示具备情绪“踩刹车”的能力，对于成功至关重要。主导实验的研究者特里 E. 莫非特（Terrie E. Moffitt）说：“童年的自我控制能力可以高度预测一个孩子长大成人之后成功与否，无论智商高低、家境贫富。”那些早期即能自我调整的孩子，长大后不只比冲动的孩子更少上瘾或犯罪，而且更加健康、富有。事实上，孩子的自我调整能力要比智商更能预测学业成就。同时，自我调整也与更佳的健康状况、更多的财富、更少的物质滥用危险及更高的财务稳定度有关。“认知风潮”又拿下一城，但我们真的能影响孩子的自我调整技巧吗？

这就要谈到另一项研究，其结果不仅搅动了科学界，还改写了教育界的课纲及家长的教育方法——这项研究的对象是佛教僧侣。

向僧侣大脑取经

理查德·戴维森（Richard Davidson）是杰出的神经科学家，任教于威斯康星大学麦迪逊分校，他对于禅修冥想及情绪如何帮助人们活出更有意义的人生深感兴趣。所以戴维森注意到一个不寻常的研究对象——佛教僧侣，并进行了一系列开创性研究。这些僧侣一个接一个来到戴维森的实验室，进行脑电图检查（EEG），在他们冥想时将脑波记录下来。

在某个同时监测僧侣及大学生的脑部活动的实验中，前者曾操练过 1 万 ~5 万小时的冥想，后者则没什么冥想经验。扫描结果使研究者震惊：僧侣的大脑活动与学生志愿者的大脑活动截然不同。有多年冥想经验的僧侣产生的异常强大的伽马波（与高度专注及高等智能活动相关），比大学生高达 30 倍，而且从未在健康的人身上看过这么高的数值。

戴维森发现大脑不是固定不变的，而是具有“神经可塑性”的。多年的冥想明显改变了僧侣的大脑。戴维森甚至证明了大脑不仅只在童年时发生改变，而是终其一生都能改变。研究团队也请僧侣及学生做慈悲冥想（譬如，希望深爱的人一切安好，或者体会他人的苦难，而不是只想到自己的难过）。当所有受试者在产生正向情绪及快乐的脑部区域都出现活动时，僧侣的大脑在同理心及辨识他人情绪的部位，有更强烈的活动。密集练习慈悲冥想大幅度改变了僧侣大脑中侦测情感的部位。

戴维森卓越的发现对教养有重大的意义：自我调整、慈悲之心与演奏大提琴、打曲棍球一样，都是可以学习的。我们会训练孩子成为小提琴家、数学高手、拼字冠军及体操选手，我们也可以训练他们成为善良的人。方法是帮助孩子练习慈悲心，并常常管理情绪。

校园中的正念革命

科学显示，正念练习（即使只是连续几周每天练习几分钟）可以获得提升免疫系统功能、降低压力、提高韧性、增强专注力、延长注意力及改善记忆力等效果。正念也会增强同理心及慈悲心，并且让孩子更愿意去帮助他人。这是为什么成千上万的教育者，如贝尔，会把正念加入日常的课程活动当中。这似乎也能帮助年轻人在困难的环境中成长。

当位于旧金山的访谷中学（Visitacion Valley Middle School）将“安静时刻”引进学校，成为每日2次、一次15分钟的仪式后，这所学校成为全美第一个采纳这种练习的公立学校。学校附近的暴力事件（一个月内有9起枪击事件）已波及校园，影响到学生。学校教职员尝试过各种方案，没有一种见效。在采用“安静时刻”的第一年，休学情形便已下降45%。

4年之内，休学学生人数减少了79%，出席率攀升到98%，学业平均分数及测验结果也得到了改善。甚至，学生反馈他们感到更平静，更少生气，他们的“快乐水平”（记录在年度加州健康孩子调查中）也一飞冲天。离这里几个街区远的波顿高中（Burton High School）曾经被称为“打架高中”，在引进“安静时刻”之后，也看到了同样的成效。

是的，居住在高危险区域的学生的确面临巨大压力，但是所有孩子——不管住在哪个区域——都能受益于自我调整。事实上，成长于经济条件优越家庭中“养尊处优的青少年”，如今要比其他社会经济环境中的青少年有更高比例的抑郁症、焦虑症及物质滥用现象。正念确实是帮助孩子控制压力、不采取冲动响应的方式。

针对校园正念计划的有效性研究显示，正念能改善每一个方面，从增强慈悲心到数学变好，而且也证实对每一个孩子都适用：

▲ 四、五年级的小孩更能调适压力，更乐观、友善、助人，数学能力也改善了。

▲ 出现危机的三年级小孩，在行为及专注力上都得到了大幅改善。

▲ 英国青少年的抑郁及压力程度降低，并且更加幸福。

▲ 小学生的注意力、自我控制、课堂参与及尊重他人的能力，都得到大幅改善。

正念的练习，每天只要几分钟，就能给孩子的生活带来改变。自我调整的最佳解决之道就在我们眼前。所有孩子需要做的，只是“好好呼吸”！

教导孩子自我调整

我跟《广播博士》(*Doctor Radio*)的主持人亚历山德拉巴兹薇(Alexandra

Barzvi）正在广播节目中接听众来电，家长们纷纷打电话进来询问如何让孩子别再吵闹。“压力在孩子生气之前就存在了，”我告诉一位家长，“你的目标是帮助孩子学习在崩溃之前就冷静下来。”

下一位来电者提供了建议。她8岁大的儿子在放学后常常大吵大闹，直到后来，妈妈才明白他不知道如何排解压力。所以，妈妈在一个安静的角落里摆了张懒人沙发，还放了一台音响及几本他喜欢的书。

“隔天，我找他跟我一起坐在那里，因为‘我今天过得很糟糕，我需要放松’，”她说，“这变成我们的放学后仪式，渐渐地，他越来越少吵闹。两个礼拜后，我发现他躺在懒人沙发上听音乐。他告诉我‘我很放松’，现在他每天下课都会去那里，他只是需要我教他如何放松。”

我相信那天的每一个听众都买了懒人沙发……但是那位妈妈让大家意识到，帮助孩子管理情绪要从教孩子“如何做”开始。

做个冷静的典范。孩子学习自我调整的最佳典范就是你。所以，在累了一天之后，你在孩子面前会如何做呢？当你的车上载着孩子，有其他车子超过你的车，你会怎么做呢？当银行说，你的账户已经透支了，你会怎么做呢？

你的孩子正看着你，请确定自己的一举一动是你希望他们模仿的行为。

• **了解孩子。**你的孩子如何面对压力？当遇到压力或看到别人身陷痛苦中，他会：

▲ 出现身体病痛，如头痛、胃痛或心悸？

▲ 试图逃避痛苦的人或现场？

▲ 变得沮丧，并且试图隔绝他人的痛苦？

▲ 不易恢复心情，需要更长的时间才能复原？

▲ 需要帮助，才能冷静下来、恢复平静？

了解孩子的情感需求，你才能同理他的感受，知道如何帮助他。

• **发现身体警报。**你可以说："我们都会感到一些微小的身体信号，警告我们陷入不安，需要冷静下来。"帮助孩子发现身体的警报，譬如脸颊泛红、拳头紧握、肌肉紧绷、心跳加速、腹部绞动、嘴巴干燥及呼吸急促。然后在孩子刚感受到挫折时，悄悄指出这些征兆："你的双手紧紧握拳，你感觉自己受到压力了吗？"孩子能越早意识到压力，就越能调整自己的情绪。

• **创造安静的空间。**找个地方帮助家人排解压力。地方大小不重要，但应该让人感到舒适。可以摆张懒人沙发、摇椅、柔软的抱枕、填充玩偶，或者放台音响。告诉家人"每一个人都可以在这里找到平静"。提示：确认孩子知道这里是排解压力的地方，而不是他接受处罚、暂时停止活动的地方。

• **制作压力箱。**我的一个在汤普森儿童与家庭发展中心工作的朋友发明了压力箱，用来教学生自我调整。箱子里有MP3播放器、塑料绒球、吹泡泡机、记事本，还有圆珠笔或蜡笔，可以"把愤怒写下来"，还有讨论情感的书籍。给孩子看的有：艾德·安柏利（Ed Emberley）及安妮·米兰达（Anne Miranda）写的《开心怪兽，伤心怪兽》（*Glad Monster, Sad Monster*），谢丽尔·卡芊麦斯特（Cheryl Kachenmeister）的《下雨的星期一》（*On Monday When It Rained*）。给大一点的小孩及青少年看的：厄尔·希普（Earl Hipp）的《对付看不见的老虎》（*Fighting Invisible Tigers*），或者布莱恩·卢克·西沃德（Brian Luke Seaward）的《热石头与嬉骨头》（*Hot Stones & Funny Bones*）。制作一个全家的压力箱，教每一个人使用各种减压工具，然后放在一个安静的角落，给全家使用。

- **传授自我调整策略。**每一个孩子都需要对他有用的冷静策略。这一章提供许多自我调整技巧，找到一个你家小孩会感兴趣的方法，然后帮助他养成习惯。

培育同理心的利器：运用正念呼吸管理情绪

科学证明教孩子专注当下的正念，能促进自我调整，增强同理心。以下的四个步骤，可以帮助你的家庭成为正念家庭。

步骤 1：教自己“好好呼吸”

首先，你要自己练习正念呼吸，才能教其他家人。先找个舒适、安静的角落，尽量放松肩膀，然后用鼻子慢慢深深吸气，再从嘴巴慢慢吐气。吐气的时间可以比吸气的时间长一倍，让自己完全放松。当你的心思开始漫游（势必会如此），记得温柔地把思绪拉回呼吸上。等感到越来越轻松自在时，就延长练习时间。

步骤 2：解释有哪些好处

告诉孩子：“慢慢地深呼吸，能帮助你放松并保持头脑清醒，让你可以清晰思考，并控制局面。你可以在考试前、上床前深呼吸，或者当你感到挫折、担忧、悲伤，需要冷静一下时深呼吸。随时随地都能做。你练习得越多，就越能感到放松、冷静。”

步骤 3：教孩子腹式呼吸

在椅子上坐直或者平躺在地板上，双手放在肚子上。通过鼻子深深吸气，轻轻地屏住呼吸，然后再从嘴唇间慢慢把气吐出来。“感觉你的肚子随着呼吸凸起来、凹下去。把注意力放在呼吸上，要是思绪飘开了，只要告诉自己，再把注意力拉回到呼吸上。”

刚开始，你可以坐在孩子身边，轻声数次数，跟着他一起呼吸。慢慢地，再根据他的能力，放慢吸气及吐气的速度，以及拉长呼吸的长度。我在至善科学中心（Greater Good Science Center）的朋友维姬·扎克苏丝基（Vicki Zakrzewski）告诉我：“吐气的长度要是吸气的 2 倍，才能刺激迷走神经，产生放松反应。”所以，请以此为最终目标。

步骤 4：让正念成为家庭惯例

在一天当中找到几个能做深呼吸的空当（比如出门前、停车场、晚餐时、睡前），这样一来，深呼吸就会成为习惯。要养成习惯，简短、重复的练习是最好的方法，可以多做几次。请参考这几本书：戈尔迪·霍恩（Goldie Hauln）的《正念10分钟》（*10 Mindful Minutes*），或者杰弗里·布兰特利（Jeffrey Brantley）与乔·卡巴金（Jon Kabat-Zinn）的《放轻松：挥别压力的正念减压法》（*Calming Your Anxious Mind*）。

适用于不同年龄层的方法

在台湾的台北美国学校，我从一位十一年级学生身上学到最有智慧的自我调整教法。他集明星学生、明星球员及学生会成员身份于一身，而且他还具有深刻的幽默感及关怀他人的胸襟：他就是那种“全方位均衡发展”的孩子，这种类型的孩子恐怕今天已“濒临绝种”。你不禁会对他的成就及乐观的外表印象深刻。有件事却令我不解。

“大多数青少年都不像你那么乐观，为什么你不会紧张呢？”我问。

他笑了出来。“是因为我的爸妈。”他回答。

“你的爸妈？请多说一些。”

“我的朋友绝大多数都因为要拿高分及申请好大学而倍感压力，”他说，“我爸妈知道高中生活会很辛苦，所以他们在我还小的时候就让我学会面对困难。他们不像其他家长，会出手解救孩子，而是告诉我如何冷静。他们让我知道我可以处理棘手的事，所以我不会像其他人那样不知所措。”

他的爸妈不仅很有智慧，还应用了我所谓“慢慢来的模式”帮助儿子学习处理情绪、面对人生。这也是帮助孩子学会自我调整的最佳方法：从小处着手，一步步慢慢练习处理情绪。

- **评估感觉。**鼓励孩子评估自己的情绪强度，增强他们对情绪的知觉。

所以，当你的小孩意识到强烈的情绪时，请他说出那是什么感觉（“我感到悲伤……生气……害怕”）。再请他从一到十，评估情绪的强度，一是最轻微（“像云飘过”），十是最强烈（“像火山爆发”）。找出跟孩子分享情绪的方法，这样子你就能同理他，并帮助他做自我调整。（所有年龄层都适用。）

• **示范深呼吸。**许多小孩会吸气过快，所以呼吸无法帮助他们冷静下来。以下这些诀窍可以帮助你的家人产生放松反应。（所有年龄层都适用。）

▲ 呼吸搭档——与孩子背对背坐着，两人的双手在手肘处互相勾住，一起呼吸。孩子可以去感受你缓慢的呼吸，并调整自己的呼吸。

▲ 大肚腩好友——在孩子躺好之后，将一颗扁平的小石头或者填充玩具放在他的肚子上，让孩子感觉肚子会随着呼吸起伏。

▲ 蜡烛与鲜花——请这么告诉孩子：“假装你正在闻一朵花，然后再慢慢地吹熄蜡烛。”这个影像会帮助孩子用视觉画面想象“吸气”及“吐气”。

▲ 吹棉球——与孩子面对面坐着，两手手掌向上，两人的指尖相触。在你的手掌上放颗棉球，练习轻轻将球吹到彼此的掌心中，不让棉球掉落。

▲ 吹泡泡——跟孩子一起吹泡泡，“别让泡泡破掉”。然后练习吹“想象中的泡泡”，深呼吸，“慢慢地把忧虑吹走”。

• **教孩子自我调整策略。**面对压力，有的孩子会深受刺激，有的孩子会感到麻木，无论如何，每个孩子都能因学习自我调整而受益。一旦孩子有压力过大的征兆，便教他冷静下来的方法。（所有年龄层都适用。）

▲ 想象一个平静的地方，譬如海滩、孩子的床铺、爷爷的后院、树屋。让孩子闭上双眼，在慢慢呼吸的同时观想这个地方。

▲ 自我暗示。教孩子一个正向信息，让孩子在遇到压力时可以告诉自己，譬如“稳住自己”“我能处理得来”。给孩子几个句子，让孩子选择他讲起来最自在的句子，然后帮助孩子每天练习几遍，直到他能不假思索，脱口而出。

▲ “1+3+10”。一旦你感觉到压力，告诉自己“停下来，冷静下来”，这是“1”。做 3 次缓慢的深呼吸，这是“3”。在心里数到 10，这是“10”。

• **做一个平静罐。**对孩子来说，做平静罐是一种让他们获得平静的有趣方式，而且做起来也很简单。在一个透明玻璃罐中，倒入一杯热水及两汤匙闪粉胶，或倒入一瓶透明胶水，然后轻轻摇一摇。加入一些细的闪粉，直到底部形成一层发亮物质，大约1~3厘米高。再倒入更多水，并且放入大一点的闪粉（或是亮片、珠子、小型塑料珠宝），留下到瓶口约2.5厘米的空间。滴入一滴食用色素，把瓶盖旋紧。当孩子摇晃瓶子，便可看到闪粉慢慢旋转，沉到底部，他可以练习慢慢呼吸，看着自己的压力“神奇地退去”。你也可以让孩子帮喜欢的人做一个平静罐。（幼儿、学龄儿童适用。）

• **吸入仁慈的念头！**当你的孩子学会腹式呼吸，你可以教他变化，提升他的正念与慈悲。（所有年龄层都适用。）

▲ 感恩呼吸法。深深吸一口气，吐气时数“1”，然后说出一件感恩的事（“我感恩我的家人”）。再吸一口气，吐气时数“2”，再说一件感恩的事（“我感恩我的健康”或者“我感恩我的小狗”）。继续呼吸、数数、吐气，并说出你感恩的事。在你数到“5”之后，你可以从“1”开始，重复感谢刚才感恩过的事，或者想出新的感恩对象。

▲ 想想帮助你的人。想起那些帮过你的人（尽管你对他们不那么熟悉，

譬如学校护士或者司机），在你做腹式呼吸时，回想他们是如何帮助你的。

▲ 善意的祝福。闭上双眼，想一个你想送出祝福的人，然后当你做腹式呼吸时，在心里重复默念如“我希望他今天过得很好”“祝他们平安”等句子。

- **学习瑜伽。**来自纽约的少女告诉我，瑜伽帮助她们避免承受过度压力。瑜伽可以增加对呼吸、思想及身体动作的觉知，并能帮助消除压力及紧张。找一片适合你及孩子年龄的瑜伽 DVD，跟孩子一起做瑜伽，在你家附近找瑜伽课上，或者组成母女（母子、父女）瑜伽团体。（学龄儿童、青少年适用。）

- **App。**下载App，帮助孩子练习自我调整。幼儿：“帮孩子找到内在平静”（Inner Peace for Kids）；学龄儿童：“超级伸展瑜伽”（Super Stretch Yoga）；十一二岁及更大一点的孩子：“微笑的心”（Smiling Mind），“休息一下！”（Take a Break!）。（所有年龄层都适用。）

- **多多学习。**吸收彻底改革教养方式的科学发现，以下提供一些参考：丹尼尔 J. 席格（Daniel J. Siegel）的《青春，一场脑内旋风》（*Brainstorm*）；丹尼尔·高曼（Daniel Goleman）的《专注：让你不再分心、成就卓越的力量》（*Focus*）；理查德·戴维森（Richard Davidson）的《大脑的情绪生活》（*The Emotional Life of Your Brain*）。（青少年适用。）

培养自我调整的五大须知

1. 孩子必须学会控制情绪，才能辨识出他人的感觉。

2. 孩子越能察觉到压力征兆，越能自我调整。

3. 缓慢、悠长的吐气，能快速创造出平静效果。

4. 教导孩子自我调整的最佳方法就是身教。

5. 让孩子在家中加强努力，他才能培养出自己冷静下来的习惯。

最后的叮咛

我曾在俄勒冈观摩过一个特殊教育班级，当时我注意到学生的椅子上都绑着一长条地毯纱线。有个孩子让我看他那条打着许多绳结的纱线。

“这是为了要冷静下来，好跟其他孩子一起玩。”他低声告诉我。

“老师说，如果我多多练习，我会变得越来越好，所以每一次我做腹式呼吸，就打一个绳结，”他向我解释，“就像是在锻炼肌肉，你一定要练习，你知道的。”

那个男孩很骄傲地展示他有 10 个绳结，他承认自己还要更加进步，那些深呼吸给了他许多帮助。

他的老师告诉我，这个男孩有颗仁慈的心，但是他的“暴怒”妨碍了他的人际关系及同理心。深呼吸改善了他的问题，他甚至还交到了朋友。

这个孩子很幸运，有一位深具同理心的老师能了解他的需求，并帮助他处理情绪。自我调整的习惯能通过练习培养起来，甚至能改造孩子的大脑，帮助他们发展同理心优势。就像这个孩子提醒的：你一定要练习，你知道的。

6

有同理心的孩子实践善行

·每天培养、锻炼慈悲心·

善良是会传染的，只需星星之火，便可燎原。我是从一群学生及他们的咨询师在某个学年的作为，发现这个道理。他们的目标是要创造出更加良善的学校气氛，他们的所作所为值得其他家长及老师效法。这些青少年证实了有规律的简单作为，便能滋养同理心，改变行为、文化及生活。他们让我看到，任何人都能展开“善行革命”。

某年的10月，在特拉华州，有4名高中女孩向学校的咨询师苏嘉芳（Su Chafin）及两位老师卡米·摩根（Cami Morgan）与德吉里·维拉（Daikiri Villa）说出她们的担忧。“这几个女孩对同学之间缺乏同情心的情形感到很困扰，也不理解为何有些学生会那么残忍。”嘉芳告诉我，“于是我们三人决定跟学校的孩子们说，‘如果这个学年结束时，你们做到100万件善行，我们三人就剃光头。’——没想到他们真的让我们实践诺言了！”

这些女士脱口而出的话，开启了米尔福德高中（Milford High School）一整年的义举，那些女孩将这项活动命名为“百万善行”（Million Acts of Kindness）。她们相信身边的朋友及教职员们会一起参与，一共有4所学校加入，她们的“善行革命”就此展开。

校园里开始张贴善行项目海报，从简单的动作（写笔记、开门、称赞、微笑，或者辅导别人写作业）到较为费时的行为（参与清洁沙滩、志愿到疗养院服务，或发起捐赠罐头食物）。学生们建立网站，追踪每一项善行。嘉芳会手持学生制作的大型牌子，骑着一辆大型三轮车，在自助餐厅里宣布每周的善行数字，多有趣！

一个月之内，学生的牌子上就累积到了一万件善行，而且这项运动也散播开来。越来越多孩子加入，邻近的新泽西州、宾夕法尼亚州的学校也想参与。

12月时，教职员看到了转变：学生们对待彼此更加和气，学校气氛更加正向，学生互相督促对方要和善。“如果有一个孩子说了不好的话，就会有5个孩子出面制止。”嘉芳说。善良的态度，已成为新的规范。

学生们也感到前后的差别。“这里似乎比以前更让人感到快乐。”九年级学生施密特说。“人们更认真行善，也更愿意当好人。”十二年级学生娜可儿也说。

到了来年2月，“善良传染因子”已经形成。“看到别人行善，他们‘捕捉’到善良的气氛，这会激励他们传递下去。”嘉芳这么告诉我。她满心感动地将这些学生昵称为“善世代”——善良的世代。很棒的名字！

4 月时，米尔福德高中明显地感染了“善良热”，学生的牌子上写着“70 万件善行”。那个月，我透过 Skype 访问了 25 名学生，了解他们的想法。他们对这项运动兴致高昂。“我们越来越热衷在这件我们相信的事情上。”一个青少年说。“孩子团结起来，努力要达成 100 万件善事，并停止霸凌行为。”有个女孩这么告诉我。

到了 5 月，学生们已经接近他们的目标：完成了 80 万件善行！该学年在 4 周后就要结束，但是行善的动能还在持续着。“学生们面对挑战没有退缩，”娜可儿说，“打赌他们做不到一件事，他们肯定就会去尝试。”“尝试”还是低估的说法——学生们是势不可当。

在学期最后一周，全校学生聚集在礼堂，校方宣布最后统计出来的善行数目。米尔福德高中的学生一共做到 106 万 9116 件善行——比原先计划的还要多出将近 7 万件，在“善世代”学生及父老乡亲的欢呼中，那几位女士剃了光头。这群深具慈悲心的孩子向全世界证明，《让爱传出去》不只是著名的电影名称——也是经过实证的心理学原理，可以改变生命。

学习行善

米尔福德高中的成果非比寻常。但是了解这些青少年成功的原因很重要，这样我们才能让孩子多多关心别人。以下有三个关键做法：

1. 看到、听见及实践善行，会使人更加善良。米尔福德高中的学生经历了这么多种善行，让“对人和善”这个新的规范具有传染性，每个人都想做到。

2. 米尔福德高中的学生证实了这类行为一毛钱也不用花，也不需花太多时间，甚至也不用具备什么天分。事实上，**越容易做到的善行，孩子越愿意去做。**

3. 最后，孩子必须有大量的机会受到鼓励去行善。米尔福德高中的善行运动在那一年持续发酵，因为那些孩子继续做着简单、规律的善行，其他孩子看到或体验到这些善行，也想效法。

这三个做法能帮助我们的孩子在家庭、学校及社群中创造出自己的“微型善举革命”。

和善待人能帮助孩子体会他人的感受与需要，更信任世界，跨出自我的界线去了解别人，少由“我”来主导，而是更加关心“我们”。每一个善行都会帮助孩子更加注意到别人（“我明白你的感觉”）、关怀别人（“我很关心你”）、同理别人（“我感同身受”），还有给人帮助及安慰（“让我平复你的伤痛”）。每一次孩子练习行善，也是在填补同理心断层，这样他们就更容易做出有利社会的行为。帮助孩子发展同理心，要比我们所以为的更容易。鼓励孩子微笑、点头、打招呼、帮人开门，都是很好的起点，让他们与别人互动。莫以善小而不为，我们的工作是确保孩子把这些话放在心里。

人们经常以为善良只是种温暖、模糊的能力，但是科学证实待人和善具有惊人的好处，包括增进健康、降低焦虑、提升自尊、更加感恩，甚至增强幸福感。事实上，一个又一个的研究显示，简单的善行也能触发同理心，因此，练习行善也是本书的九大习惯之一。当孩子行善越多（在没有星星贴纸、奖品及金钱鼓励的前提下），他们就越能发展出在工作及生活中获得成功的技能，并且也更能获得同理心优势。而且就像我们在这本书中讨论到的其他技巧，善良是孩子可以培养出的习惯。

教孩子行善，为何如此困难？

在这个叫“父母”的专属俱乐部里，若是有个共通点，那就是我们深爱孩子，会为了帮助孩子达成梦想，赴汤蹈火，在所不辞。不过，有许多父母还为这个现代神话添油加醋，认为提高成就与自尊是通往成功与快乐的唯一公式（尽管证据显示这种想法毫无根据，甚至适得其反）。令人不安的趋势更显示，我们在养育孩子的努力上，过分关注要孩子赢得名次、获得高分及奖项，而越来越不关心孩子善良与否。这是使得“自拍症候群”加剧的原因。年轻人的同理心下降，同理心断层越来越大，这也召唤着父母要让教养方式跟得上科学的发展。

北加州旧金山湾区是颇富声望的地段，斯坦福大学、苹果公司及谷歌都在那里。当地居民都受过良好的教育，他们的子女显然养尊处优（尽管我们先前讨论过，数据显示养尊处优的孩子受苦于抑郁症、焦虑症及药物滥用的人数比例，要比美国境内其他社会经济地位的年轻孩子更高）。这里有高度竞争的文化，我到这里的一些学校演讲，主题是关于如何养育压力更小、更懂得关怀他人的孩子。令人感到讽刺的是，那个礼拜里，每一个听我演讲的家长团体都把焦点放在成就、自尊及幸福上。孩子的同理心、仁慈及品格被视为无关紧要的事。那一周我也与好几位校长谈过话，每一位校长都对过度关注孩子表现及这种态度会对孩子产生的影响深表关切。

有位校长还发现家长称赞孩子，主要是跟考试高分、排名前面有关，所以她想做个翻转。在下一次的学校集会时，老师们公开推崇不只成绩优异还乐于助人的孩子。那一天，每一个获得此荣耀的孩子都被叫到台上，因他们的善行而受到赞许。

“丹尼有好心肠，因为他力挺同学。”

“莎拉心地善良，因为她每天晚上都打电话给凯莉，祝她早日康复。”

“乔舒亚很友善，因为他跟同学分享午餐。”

……

老师们感到近来对于品格的推崇，正是学生们需要的信息。他们没想到的是，愤怒家长的电话如洪水般涌进来。

“我儿子完蛋了，因为他没拿到心地善良奖，”有位家长说，“他一直努力想赢得成就奖，现在换成这种奖项不公平！”

“心地善良跟有没有成就有什么关系？”另一个妈妈怒吼道，“你们应该要帮助孩子成功——而不是当个好人！”

再听听这个：“如果你们有说要颁发心地善良奖，我就会教我女儿要心地善良，这样她就会得奖！”

我在这个小区没看到什么人的车上贴着“我很自豪，因为我家小孩心地好”

的贴纸。“成就与成功”显然赢过“善良与品格”。但是，越来越重视“善良”这项品格优势的家长不限于旧金山湾区：全美各地已越来越关心行善，有证据可以佐证。

一场哈佛会议

2014年6月，我在哈佛大学教育研究所理查德·魏思保德（Richard Weissbourd）的邀请之下，参与他们的“推己及人”计划，我遇到了一群令人印象深刻的专业人士。受邀者包括儿童委员会、全美学校组织气氛中心、罗格斯大学、品格教育网、加州大学伯克利分校的至善科学中心等。哈佛大学公布一项针对全美各地10000名初高中学生的调查结果，调查内容是了解初高中学生最重视的价值。调查结果值得关注。有八成的学生选择了“高成就及幸福”作为他们最重视的价值，他们说父母要他们达成的最重要任务就是“出人头地”。只有20%的学生选了“关怀他人”。值得注意的是，那些将关怀他人放到后面名次的学生，也不看重同理心。然而，他们从这些价值观的排名顺序中所看到的警示是：**4/5的青少年说，他们的爸妈比较关心的是成就，而不是关怀他人。**“比起我是个有爱心的小区成员，我若是在班上功课好，爸妈会更骄傲”，认同这句话的学生人数，是不认同的3倍。

很明显的情况是，“今日孩子重视成就，胜过于关心他人”，而且他们认为这是爸妈要的。会议室里的每个成人听到调查结果，都瞠目结舌。调查结果中也显示出一个难题：接受调查的爸妈有96%的人说他们真的希望能养育出懂得关怀他人的孩子，他们也认为道德品格发展“即使并非必要，也非常重要”。爸妈或许这么认为，但是“待人要和善”的信息并未出现在孩子的行为中。在孩子的回应中，我最喜欢的两则如下，且可总结上述的言行不一：

“虽然爸爸说‘待人和善’很重要，但是他真正期望我做到的是赢过别人——而且可以不择手段。”

“妈妈告诉我要对别人好，可是比起我当上本月荣誉公民，她更高兴看到我名列前茅。”

教养风格可以改变，但有一件事却是肯定的：孩子永远能看出大人“伪善的态度”——尤其是当爸妈这么做时。哈佛大学的调查结果是个警钟，如果我们认真地想教出心地善良、关怀他人的下一代，我们必须让孩子更加清楚我们的期望。了解仁慈、善良会对孩子有利，让他们具有能够成功、幸福的优势，或许可激励我们改变教养方针。

科学事实：行善对孩子有益

休斯敦有位六年级的学生策划了好几天的惊喜活动，他很期待看到 5 岁小弟弟的反应。从 9 月份开始，每一位高年级的学生会协助幼儿园的孩子阅读及写作。在圣诞节即将来临时，大哥哥及大姐姐们想要为这群小朋友做点特别的事。因此，他们请幼儿园老师带班上孩子写信给圣诞老公公。哥哥姐姐们会假装成圣诞老公公回信给他们，而且他们还多了点巧思。在把信送到幼儿园小朋友手中之前，六年级学生们要餐厅的工作人员把信先冰起来，才会看起来像是来自北极的信！

两天之后，六年级学生们排成一列，看着校长将挂着冰柱的信封交到5岁孩子手上。小弟弟、小妹妹们兴奋地叫出声来："这真的是圣诞老公公寄来的信耶！""圣诞老公公家的雪花粘在我的信上耶。"然而，最兴奋的反应来自六年级的学生，他们欣喜若狂。"我们让他们惊呆了！""你有看到他们多么开心吗？""那接下来我们还要做什么？"这些"行善者"要比5岁大的接受者更加兴奋。

就像米尔福德高中那群年轻人，这些六年级的孩子也抓到了善良会传染的特质，感受到了行善的喜悦。一个简单的善行可以开启他们的心灵，也为最新的科学研究提供明证。善良就像回旋镖：当它被丢出去，一定会回到你手中，所以你会想再丢一次。

要孩子不再只关注自己？帮助他们练习行善

我们都听过，善良是会传染的，但现在有证据证明确实如此。加州大学圣地亚哥分校的詹姆斯·富乐（James Fowler）及哈佛大学的尼古拉斯·克里斯塔吉斯（Nicholas Christakis）提供了第一项证据，他们证实有利于社会的行为真的能一传十、十传百。这种情形会发生，是因为当人们接收到他人的善意、互相合作及无私的态度时，他们通常会通过帮助与此事不相关的人，"把爱传出去"。善意的传播是从一个人的善行传到3个人身上，再从这3个人扩散到9个人，之后还会继续下去。结果是"每一个在网络中的人都可以影响数十个甚至数百个人，他或她不见得会认识这些受到影响的人，甚至也不曾与他们相遇”，仿佛是一道善良的瀑布！

参与这样的传善行动，还会改变孩子的品格，产生持久的影响。“你不会再回到过去那自私自利的自己。”富乐解释道。练习行善是能建立同理心、让孩子学习推己及人的做法！这正是米尔福德高中的年轻人及休斯敦的六年级学生所学到的。对人和善，改变了他们的品格，帮助他们关怀他人。“现在我很爱帮助别人。”有好几位米尔福德高中的学生这么告诉我。

想要孩子更快乐？协助他们练习行善

我们当然都希望孩子能够成功，但我们也希望他们幸福快乐。在Google上搜寻“教出快乐的孩子”，你会得到几百万个搜寻结果——看起来有许多家长都在寻找答案，而且他们有这么做的好理由。有超过2/3的成人说他们“高度关切”孩子的福祉，他们的关切不分性别、种族、年龄及政治倾向。但是在提高孩子的快乐商数这件事情上，我们努力的方向错了。协助孩子练习行善，不只能增进他们的同理心，也能提升他们的快乐程度，而且，这是经过证实的。

为了发现如何能增进仁慈与快乐，加州大学河滨分校的心理学家索妮亚·柳波莫斯基（Sonja Lyubomirsky）进行了一系列划时代的研究。她请两组学生连续6个礼拜，每周选做5件善行。这些善行可能是简单的或复杂的，可以是为无家可归的人买巨无霸汉堡，或者帮助年纪小的孩子辅导学校作业，也可以是写感谢卡给老师，或拜访疗养院、替别人做家事，或到庇护所工作。一组学生是一个礼拜做5件善行，另一组则是在一天内（像是每个星期二）

做 5 件善行。然后，在这 6 个礼拜里，他们每周都要交出“善行报告”，描述他们如何行善。实验结果连柳波莫斯基都感到惊讶。在 6 周实验结束之后，那些每周一天做完 5 件善行的学生得到最大的快乐。行善让参与者感到更快乐的主要原因是“行善让他们看到受惠者对他们的善行有多么感激”，柳波莫斯基解释道：“受他们帮助的人对他们感恩不已。”

然而，这位心理学家最重要的发现跟快乐无关：行善的习惯可以改变孩子的自我形象及行为。“当你开始行善，你会认为自己是个利他且慈悲的人。”柳波莫斯基说。这个结果正好吻合了一个人们熟知的心理学原理：我们的行为通常与自我形象相符。如果孩子认为自己是个善良的人，他就更可能行善。行善不只会让受惠者越来越多，也会让给予者更想行善。

想要孩子更受人欢迎？协助他们练习行善

哪一个爸妈不希望自己的孩子有更多朋友、更受人欢迎？不列颠哥伦比亚大学及加州大学河滨分校的研究者发现一个意外的结果：做好事可以让人更善良、更快乐，还能帮助孩子交到朋友。以下是他们的研究。

在加拿大温哥华的各学校里，以9~11岁的孩子为研究对象，进行了一个为期4个礼拜的实验。参与实验的学生被随机分配到两组，一组每周行善3次（分享午餐、用吸尘器清洁地板，或在妈妈压力大时给她一个拥抱）；另外一组每周拜访3个好玩的地方（如操场、棒球场，或祖父母家）。在课堂上，两组都会报告他们做了哪些善行，或去了哪里玩。在那个月结束时，研究者再次给孩子施测。毫无疑问的，所有孩子都比先前更快乐。有个预期之外的结果：在那个月的实验里，行善的孩子还交到了朋友。许多孩子都说在学校活动或课余时间，他们想跟“行善的孩子”在一起，而不是跟那些“去好玩地方的孩子”一起。练习行善会提升孩子的人气，孩子们喜欢跟心肠好的同龄人在一起。

希望孩子更体贴？协助他们练习行善

从科学中可看到充满希望的发现，让我们知道该如何协助孩子茁壮成长，并获得同理心优势：练习行善会增加孩子的利他行为，还会增加他们的快乐、自尊、感恩、人气、健康及抗挫折能力。但或许最重要的是：当孩子练习行善时，他们会发现给予的快乐、来自他人的感恩，他们认为自己更有同情心，能够站在他人的立场为人着想。一旦通往同理心的大门敞开，同理心差距就会缩小！

如何培养孩子的善心

这个问题很简单，却困住了超过 50 万名家长，我称之为“家庭聚会测验”。我每次对家长团体演讲时，都会问他们这个问题，现在让我们来看看你会如何回答：

> 假设 25 年后，你在家庭聚会上偷听到成年的孩子们正谈起他们的童年。他们会如何描述你的典型行为？他们会记得你告诉他们的“最重要信息”是什么？

无论我在哪里演讲，都会得到同样的反应：一片沉默，还弥漫着强烈的罪恶感。家长们突然意识到自己太关注孩子的表现，孩子们所收到的信息是“成就重于一切”。

这种反应无所不在，毕竟，我们都变得太重视考试，看重竞争，把分数、排名及等级看成是成功（还有快乐）的最后指标。所以，补习、写家庭作业、课后练习及参加拼字比赛等，填满了孩子的时间表。然后，还有小提琴课、足球练习跟参加辩论社（和其他社团）好让孩子能够具备“常春藤优势”。每天家长跟孩子的对答一成不变，如“你学了什么？”“你得了几分？”但关于善心与同理心的谈话，例如“你今天有做什么善行吗？”“你有没有关心那个刚转学到你们班上的孩子？”则非常稀少，因为这类话题与我们的目标相违背，也不符合经济效益，对孩子的“远大未来”更没有帮助。

说实在的，我们的生活节奏很快，要把自己时间表上的事情做好就很困难了，更别提停下脚步，检视孩子从我们这里“捕捉”到什么。还有那些未诉诸语言的家庭时光也要算进来，我们每天的身教就是孩子的榜样，用来学习行善及关怀他人的价值。

孩子一直在观察我们，模仿我们。研究显示，孩子会模仿成人所示范的仁慈或自私行为。有利他精神的照顾者所养育出来的孩子，通常会学习他们关怀别人的行为。喜欢帮助他人、待人和善的成年人，确实会影响孩子的同理心商数。我们确实是在灌输孩子品格教育——我们希望孩子成为怎样的人，自己的言行就要先成为榜样。我们给孩子的典范中，一定要包括善良的态度及行为。

善良的美德，是孩子最容易养成的习惯之一。要养成这个习惯，不用买很炫的教材，也不用教科书、工作表或耗时的计划来达成，示范、期待、指导、解释及强化是更有效的方式。秘诀在于让行善成为家庭日常生活的一部分，你的行为孩子自然看在眼里，他会模仿，并且想要实践。以下是在我们的匆忙生活中，加入善良美德的方法。

- **示范行善。**找出简单的方法，让孩子看到你行善。日常生活中有许多机会：在公交车或火车上让座给老人家，打电话给生病的朋友，关心别人的感受。告诉孩子这么做让你感觉很好！当孩子看到或体验到做个有善心的给予者是什么样的感觉，他们就会想保有这样的特质，使之成为自己人格的一部分。

- **了解他人对行善的看法。**研究发现，如果家长对不善良的行为表达自己的看法，并解释为何他们有这种感受，往往会让孩子接受这些观点。所以向孩子一再反复解释你的信念："对人不友善是错的，这会伤害他人，不能被容忍！"这会对孩子的行为设下标准，并且用明确的话语让孩子知道你看重此事的价值。

- **重视善良。**在考试至上的社会，很容易就强调表现与成就。定期按下暂停键，听听自己平日都说了些什么。自己所传达的信息中，有哪些部分强调成就与表现？有没有提到善良与关怀他人？如果你注意到自己的信息一面倒，请留心调整自己，多关注善良，少在乎表现。

- **对善良做反省。**哈佛的推己及人计划，建议我们多问些问题，刺激孩子去多想、多感受、多体验。所以，与其一天到晚问:“你今天学到了什么？”不如再多问一些问题，如“你做了哪些善行让你感觉很好？”“别人为你做的善行是什么？”简单地改变问句，能帮助孩子开始去看到善行，并思考美德为何。

- **解释何谓善良。**解释行善如何帮助到某个人，会滋养孩子的善心。用生活中自然发生的善行作为话头，跟孩子讨论这些善行如何影响他人。我的TIP 策略可帮助孩子理解善行的正向影响：

T =分辨（Tell），分辨此善行针对谁而做。

I =辨认（Identify），认出善行是怎样的行为或言语。

P =指出（Point），指出善行如何影响到接受善行的人。

找出方法应用这三个步骤。你的女儿帮同学捡起掉到地上的作业，你可以对她说：“莎拉，你帮吉米捡作业，很好心。他本来不高兴，你这么做让他开心多了。”或者，当你的孩子要其他孩子不要再嘲笑弟弟，你可以说:“凯文，你知道弟弟不舒服而为他挺身而出，你看到他开心多了吗？你人真好。”

现在，让我们回到“家庭聚会测验”。过去这个礼拜或是今天，你认为你家小孩会如何描述你的行为？他的描述中会包括善良吗？请记得孩子们一直在看！

培育同理心的利器：“两件善行法则”

不要把善良想成是由遗传决定的先天特质，善良更像是可以通过练习来强化的肌肉。只要多多练习，就可以让孩子在阅读、网球、大提琴、芭蕾上有所进步——练习也可以增加孩子的同理心。增强孩子的“同理心肌肉”很简单，但是就像其他领域的练习一样，要有规律、定期练习才会有真正的改变。

有个简单的方法可帮助孩子练习行善，就是运用“两件善行法则”——“每天至少做两件好事”。要培养同理心，必须“打从心里甘愿做”（不是对等相待），“当面做”（至少在一开始是如此，这样行善者才能看到接受者的反应），并且不期待回报。鼓励孩子一天做两件简单的善行，让他们习惯每天行善的规律。之后这条法则可以改成“每周做一件大善行”，或“每周三做三件好事”。以下有 5 个简单的方法来做“家庭善行练习”。

1. 对善良下定义。确认你家孩子了解善良是什么意思，以及其重要性。你可以这样说：“善良表示你关心他人。善良的人会为他人着想，从不期待回报。善良的人待人和善，因为他们希望别人活得更好。这就是我希望你表现出来的善良行为。你可以通过练习，让自己更加善良。运用‘两件善行法则’，每天做两件善事，这可以帮助你锻炼自己的‘善良肌肉’。”

2. 创造可能性！孩子知道越多行善的方法，就越可能行善。所以一起脑力激荡，想出不花一毛钱就可以行善的简单做法。把这些方法列成清单，贴在冰箱上，或是做成屏幕保护程序，持续加入新方法，提醒孩子还有更多可能性，如：

▲ 跟别人打招呼、微笑或者分享某事。

▲ 每天对不同的人道“早安”，而且要看着对方的眼睛说。

▲ 不用爸妈开口，主动做家事。

▲ 帮别人开门。

▲ 每天跟两个新认识的人挥手微笑。

▲ 念书给弟弟、妹妹或任何人听。

▲ 持续一个月，每天称赞不同的人。

▲ 写感谢函给值得感谢的人。

▲ 帮年纪大或行动不便的邻居扫地或倒垃圾。

▲ 邀请看起来孤单的人跟你一起吃饭或游戏。

▲ 拥抱妈妈或爸爸。

▲ 烘焙饼干，并送给需要微笑的人。

▲ 在便利贴上写下“祝你有美好的一天”，送给某人。

▲ 把状况还不错的二手书送给图书馆或儿童医院。

▲ 帮助弟弟妹妹写家庭作业。

3. 结合起来。想出有创意的方法，帮助孩子使用“善良肌肉”。突如其来，拜访某个特别的人？买一束花，送给某个阿姨？画一张画，感谢某位老师？

4. 有创意的提醒方法。爸妈一“唠叨”，往往就坏了孩子的兴致。所以请帮助孩子发展出提醒自己的方法，以运用“两件善行法则”。比如在门上贴纸条、偷偷把纸条塞入孩子的背包、在手机设定闹钟，或让孩子戴手表。

5. 保持下去。持续帮助孩子有规律地练习行善，直到他养成习惯为止。

协助孩子养成行善的习惯

- **以身作则。** 让孩子学习行善，最好的方法就是有人示范给他看，所以请有意识地行善，做孩子的典范。定期自省："今天我有哪些行为，让孩子看到我很重视善良的价值？"或者"如果孩子只从我这里看到如何行善，他会看到什么？"

- **让孩子身边都是好人好事。** 除了你自己以外，在孩子的生活里，还有其他大人：教练、老师、保姆、亲戚及其他家长。他们的行为对于孩子培养善良心态有帮助还是有阻碍呢？别客气，挑剔一点。

- **展现影响力。** 有机会帮助别人的孩子往往会更加乐于助人——尤其是当他们看到自己的善行对别人的影响时。所以请把行善的效果讲给孩子听："你打电话向奶奶道谢，让她好开心。""你把玩具分给莎拉玩时，看到她露出了笑容吗？"

- **提出对的问题。** 对的问题有助于孩子认识到善行对他人及自己的影响。把行善变成日常规律，在吃晚饭或上床前，跟孩子一起讨论。可以谈的问题包括："当你待人和善时，对方是什么样的反应？""你认为他感觉如何？""如果你是他的话，你会有什么样的感觉？""当你对他做了好事，你的感觉如何？""你认为他会'让爱传出去'吗？"

- **每周进行家庭行善仪式。** 找出让你们家行善更有趣的方法，如果你可以创造出简单、有趣的每周仪式，就会是"双赢"。有位妈妈让孩子写"假日愉快"的卡片贴在糖果杖上，然后偷偷放在邻居家门口的台阶上（她说他们家小孩喜欢躲在灌木丛后看邻居的惊喜表情)。或者把每个星期四作为“饼干日”，在那天跟小孩一起送饼干（店里买的或亲手烘焙的都可以）给每一个值得的人。

- **把钱包收起来。**有个简单的方法能让人更善良，那就是在善行发生时，强化那个行为。当你注意到孩子以善心待人时，让他知道你有多高兴：“你总是会关心奶奶的感受，知道你这么贴心，让我好开心。”有效的称赞是真心赞许对方值得称许的行为。但是，请用言语（而非奖励）称赞。

适用于不同年龄层的方法

在某个假期中，洁西卡及马克注意到三个儿子变得衣来伸手、饭来张口，“我们希望他们能学到给予跟接受一样开心。”因此，这对父母开始建立新的传统——秘密善心伙伴。每一个人(包括妈妈及爸爸)从篮子里抽出一个名字，在光明节[①]假期里，每一天都要对这个伙伴做一件秘密的好事，这些行为必须是“真心想做”。

在他们做出第一个秘密行动之后，所有顾虑都烟消云散。孩子们烤饼干、做花束、修补断掉的项链、打扫房间，甚至还把早餐送到妈妈床上。“他们迫不及待想看给兄弟惊喜时，兄弟会有什么反应。”洁西卡说，“最棒的是儿子们学到了给予的快乐。”

德不孤，必有邻。许多家长都希望孩子能多了解善良、关怀与给予的美德。以下有更多方法，可以在你的家中、学校或邻里开始善良革命。要让这样的活动充满乐趣，持续变化，并且花时间与给予者及接受者双方聊聊彼此的感受。这么做能锻炼孩子的“善良肌肉”，帮助他们更替他人着想，不会只在乎自己，并且帮助孩子获得同理心优势。

- **家庭善行箱。**在不用的鞋盒顶端割出一道窄缝，便能开始这项简单的活动。这是为了鼓励你的家人看到别人的善行。写下或画下这项善行，塞入盒子里。然后在家庭聚餐，如星期天的早餐或家族聚会时，念出这些纸条。这会让每一个人都开始寻找别人做的好事。（幼儿、学龄儿童适用。）

- **设立善行罐。**乌莎·巴拉默（Usha Balamore）是宾夕法尼亚州希普利学校低年段的主管，她有一个善行罐（大型透明塑料罐），帮助四五岁大的学生练习行善。每次有善行发生，她就会在罐子里投入一美分。但是报告善行的人是善行的接受者，而不是给予者。接受者会报告给予者的名字及善举：“赖利很好心，因为他帮我折被子”或者“凯莉很善良，因为她在我跌倒时抱住我”。大人听到了，就会在罐子里投入一分钱。把焦点放在接受者，就不会让给予者夸大其词或期待奖赏。在罐子装满钱后，孩子们会决定把钱捐往何处。去年，学生决定把钱捐给乌干达一所孤儿院。“我们让世界变得更好。”这些幼儿园的孩子自豪地说。在家里开始设置善行罐吧！（幼儿、学龄儿童适用。）

- **捕捉孩子的善行。**在篮子或容器旁放一堆卵石或其他小物品。当家庭成员“捕捉”到妈妈、爸爸或手足待人和善时，一起恭喜接受善行的对象，然后用黑色签字笔在小石头上写下行善者的名字缩写，放入善行篮里。在一个月结束时（或者篮子已经装满时）来趟开心的郊游，一起庆祝家人的好心作为。（所有年龄层都适用。）

- **善行摆饰。**把孩子们聚在一起进行脑力激荡，想出可以对任何人做的善行。接下来，帮助孩子裁出 15~25 张长宽大约 10 厘米的色纸。形状可以多变：情人节的心形、万圣节的南瓜形等等。用亮片、贴纸、签字笔、小纸片等装饰色纸，并在纸上写下一件善行。在每一张纸背后粘上吸管，放入花瓶中。每天早上，邀请家庭成员从花瓶中抽出一件善行，在那一天为某个人做这件善行。晚餐时，大家可以分享今天的行善经验。（幼儿、学龄儿童适用。）

- **善行墙。**许多学校鼓励学生用便利贴写上善行，然后粘在墙上。没多久，走廊上就铺满一整面善行提案，激励孩子“让爱传出去”。在家里试行这个点子，把孩子的善行贴在墙上、镜子上或门上，然后鼓励他们多多行善。（所有年龄层都适用。）

- **让善行定期发生！**在加州弗雷斯诺的斯达尔小学（Starr Elementary），马赛·法莎基恩（Marceen Farsakian）所执教的一年级班级里的学生，由发誓行善开始他们每一天的生活：“我发誓这一天我会努力行善，不管是对大人或小孩，只要他们有难，我就会伸出援手。”她鼓励这些 6 岁大的孩子每个月做 10 件简单的善事（如拥抱妈妈、读故事书给弟弟妹妹听），并且写到笔记本上。她的班级每周也都会见机行善，如在操场上用粉笔写下好的信息；制作写着好话的书签，藏在图书馆的书里让其他学生发现……他们总是

① 犹太人的重要节日，又译修殿节，约在每年11月底到12月底，为期8天。

期待做这些好事。运用这个老师的策略，帮你家孩子找出有趣的行善方法，定期行善，或许也可以一起想出你家的行善誓言。(所有年龄层都适用。)

- **教孩子"装满水桶"。**由卡萝尔·麦克劳德(Carol McCloud)所著的《把水桶加满了吗?》(*Have You Filled a Bucket Today*?)是本很棒的儿童绘本，传递出重要的信息：每一个人都带有一个看不见的桶，桶里装着良善的念头与情感。当你的桶是满的，你就会快乐；当桶是空的，你就会难过。每个人都可以通过练习行善，成为"装满水桶的人"。许多学校用这本书把这项信息教给孩子们。每一个学生都有一个小型纸桶，以装填同学给的纸条："当你邀请我一起玩时，谢谢你装满我的桶。""当你帮我把书捡起来时，你是那个装满桶的人。"在家里用零售商店所售的小型塑料桶或杯子，试着进行这项活动。(幼儿、学龄儿童适用。)

- **记录善举。**通过帮助孩子记录自己的善行(无论大小都写下来)，鼓励孩子行善成功。给每一个孩子一本小日记本，让他们可以记载特别的功绩。在孩子"装满水桶"那一刻，拍张照片，保存在家庭相册中。或者让每个孩子把自己的善行画或写下来，订成一条"纸链"，没多久，你们家就会有一条长长的善行链可以悬挂了。(所有年龄层都适用。)

- **一起阅读或观赏鼓励行善的书籍与电影。**可以鼓励年纪小一点的孩子读：南希·伊丽莎白·华莱士(Nancy Elizabeth Wallace)所写的《善行拼被》(*The Kindness Quilt*)、P.K.海莉南(P. K. Hallinan)的《心心相印》(*Heartprints*)、玛杰丽·凯勒(Margery Cuyler)的《鲁乐太太，做好事比较酷》(*Kindness Is Cooler Mrs. Ruler*)。大一点的孩子可以阅读艾米丽·皮尔森（Emily Pearson）的《平凡玛丽的不凡举动》（*Ordinary Mary's Extraordinary Deed*）、科勒尼出版社（Conari Press）的《孩子的不经意善行》（*Kids' Random Acts of Kindness*）。青少年可以观赏电影《让爱传出去》《善良学校》（*The Kindness School*）或《寻找善良》（*Finding Kind*）[①]。（有超过150个善良俱乐部分部敦请女孩们开始一项行善活动。观赏完《寻找善良》之后，请这些女孩子写下她们想采取的行动，以促成她们想看到的改变；写封道歉信；写下给另一个人的好话，留在座位上作为善良卡。）（所有年龄层都适用。）

- **找到关心的理由。**辨识出孩子的热情或关注事项，找到与之有关的关心理由，可以作为行善动机。有个小男孩，他妈妈战胜癌症，身体恢复健康，所以他说服了足球队的队友，每天写电子邮件寄到医院的邮箱，问候当地小儿科病房里的癌症病患。这些病患很喜欢他们的信，但是这些男孩比病患更享受这种关怀他人的作为。还有一个由青少年组成的关爱社，他们不只喜欢编织，更看重给予，于是他们便为美国海军（圣地亚哥的船舰计划）织围巾，为陆军织帽子。（所有年龄层都适用。）

关于行善的五大须知

1. 善良是会传染的，只需星星之火，便足以燎原。

---

① 《寻找善良》（*Finding Kind*）是一部纪录片，主题是针对女孩之间的残酷与霸凌行为。

2. 孩子看到、听到及实践越多善行，就越把行善当成习惯。

3. 练习行善就像健身一般，需经常练习，才能成为习惯。

4. 善行必须有意义、多样化，才会有收获。

5. 孩子会通过安慰、帮助、关怀、分享及合作来学得善良为何，而不是通过听讲或写功课。要教孩子知道同理是动词，而非名词。

最后的叮咛

善良的心是通过实践来加强的，这不需花一毛钱，不太费时，也不需要任何特别的天分。就像任何健身计划一样，规律地锻炼才能有所收获。规律地做些简单的善行（帮别人开门，教同学功课，邀请一个落单的朋友一起玩，一周只需要做几次）就能让我们的孩子不只关怀他人，自己也会更快乐。更重要的是，这些做法能帮助孩子们体察他人，让他们有机会跨出小我，建立关怀他人的联结，让他们的慈悲心有所成长，能对人产生同理心，减少同理心断层。这样一来，孩子的行动比较会建立在同理心上，而不会遇事犹豫，甚至视而不见。

7

有同理心的孩子不分你我

·通过团队合作及同心协力培养同理心·

学校的下课时间是最常能见到“我们”与“他们”对立的时刻，因此我迫不及待想去拜访位于洛杉矶的爱达玛小学（Aldama Elementary School）。这所学校的教职员刚为685名学生引进了一种新的下课方式。这种方式源于一个称为“游戏育人”（Playworks）的计划，能减少攻击及霸凌行为，通过让孩子们在游戏中一起面对问题，创造出充满关怀的文化。

加伦·威廉斯（Jaron Williams）是“游戏育人”的计划主持人，他带我走进一个与平常无异的校园游戏区：这里有可攀爬的设施、手球射门框、篮球架、田字形击球场及许多柏油地。

“这里有些孩子过着艰苦的生活，”威廉斯说，“所以我们试着创造一个安全的环境，让他们可以获得正面的经验。”

我在学校附近的低收入小区看到好几间房子外墙涂满了涂鸦。绝大多数当地商店都在门窗外装上厚重的铁闸及铁窗，以维护安全。我知道对许多学生来说，这片操场可能是唯一可安全嬉戏的户外场地了。

每个班级每个月会有两堂课在操场上，有教练指导，每堂课 45 分钟。即将开始的班级游戏时间，是五年级学生的课程，计划专员丽莎·弗莱雅丝（Lisa Frias）是这堂课的教练，她向学生们打招呼。

“我们对健康游戏的协议是什么？”她问道。

“每个人都要参与，善待对方，一起努力，开心玩！”学生们回答道。

威廉斯与弗莱雅丝长年运用这些核心价值，让下课时间成为正向的小区经验。孩子们也需要这些价值彼此相处，这些学生都能背诵并且应用这些价值观。

今天的游戏是篮球的四角传球，学生轮流报数，没有人会被晾在一旁。我小时候体育不好，总是最后才被选入队伍，令我痛恨下课时间，但是这里不会这样。一整堂课下来，弗莱雅丝不断提醒孩子要鼓励别人（“跟你的伙伴击掌。”“对伙伴说：做得好！”）并使用冲突解决技巧：“如果你有问题，解决它。”（用“石头剪刀布”来解决问题。）弗莱雅丝教练顺应情境，教导孩子们社交及情绪技巧——这是孩子们学会习惯的最佳途径。学生也会鼓励队友：“合作无间！”“再接再厉！”

当游戏结束时，弗莱雅丝问孩子：“你看到了哪些好的表现？”孩子回答得很快：“每一个人都有玩到。”“我们玩得很开心。”“我们一起努力。”“我们是一个团队！”没有争吵。

我意识到，刚刚我看到的是同心协力的最佳典范，而这是在操场上学习到的。

接下来，是三到六年级的休息时间，我再次看到不一样的做法。一方面，游戏过程经过了悉心安排。弗莱雅丝及威廉斯先解释有哪些游戏选择：大队接力、四角传球、绳球、手球及“石头剪刀布”（上一个班级游戏时间已经教过）。不到几秒钟，每一个人都投入游戏中，没有人落单，教练也下场跟孩子们一起玩。

如果孩子们对某一球的判决意见不合，两个男孩会用“石头剪刀布”解决问题，然后继续游戏。学生们也会使用教练教的其他合作技巧，如“一人一麦”（麦克风，一次只有一个人可以说话），“往前站、往后退”（如果你没有玩到，请“往前站”；如果你玩了很多次，请“往后退”，让别人有机会玩），以及“试试看”（在你说不喜欢之前，先玩玩看）。

我不禁心想：要是每一个孩子（或成人）都学到这些简单的合作策略，会是怎样的局面？

还有些不一样的地方：有几个四年级及五年级的学生身穿紫色T恤，这表示他们是受过训练的初级教练。这些孩子会参与游戏，但他们也会帮助同龄人了解游戏规则，鼓励同学参与，并担任“冲突解决者”。

“你知道的，小孩都会吵架，”初级教练杰夫解释道，“所以我们会教他们用‘石头剪刀布’，一旦问题解决，他们就会继续玩。”

卡瑟琳告诉我，这些调解策略是有帮助的。“有时候孩子们会吵架，这些初级教练就会跟其他冲突解决者一起尝试排解，”她说，“孩子们会观察，回到教室后也会这么做。”

另一位初级教练哈维尔补充道:“如果孩子们学习友善待人、不彼此伤害，等他们长大之后也会这么做。”

我们若能多多倾听孩子就好了!

建立在游戏上的“游戏育人”计划，是1996年意外展开的。当时吉尔·维尔蕾（Jill Vialet）与一位小学校长正在聊天，这位来自奥克兰的校长述说着她的沮丧，她跟老师们不知花了多少时间在处理操场上的冲突，但是每天她还是看到那些孩子同样因为打架，到她的办公室报到。维尔蕾成立了“游戏育人”计划，以改善下课时间的质量，让下课时间能给孩子带来正向经验，帮助孩子们和谐相处、安全地玩，并练习解决问题。这个以旧金山湾区为主的组织，目前已进驻全美380所低收入地区的学校，影响所及达42万5000名美国学生。

一项由“数学政策研究中心”与斯坦福大学所进行的独立研究发现，实行“游戏育人”计划的学校减少了43%的霸凌与排挤，且与没有实行这项计划的学校相比，学生在课堂上的行为表现更加优秀，专注力也更好。所有示范教学、小区联系、成人指导及同理心建立似乎都奏效了，学生在操场上学到的技巧也渗透到教室里。

芝加哥的一位校长约瑟夫·培拉（Joseph Peila）注意到了这种转变——尤其是在家长、老师面前及社区举办学校拼读比赛时。以往，拼错词的学生可能会难过或落泪，老师们得阻止其他学生因此偷笑。“但是现在要是有孩子拼错词，”培拉说，“学生们会为那个孩子鼓掌，要他再接再厉。讲台上的孩子会大声喊‘你下次会表现得更好！’‘不要气馁！’接下来上台的孩子会与那个失误的孩子互相击掌。”培拉校长把这种由“他们”转变为“我们”的现象归功于“游戏育人”计划。

“不能忽视游戏的力量，它可以激发出孩子的最佳潜能。”维尔蕾这样告诉我。

她还告诉我，游戏尚未被开发的力量可以作为培养同理心的工具，并且能帮助孩子学习互相关心。

“当你跟别人一起玩耍时，你和他之间的联结会使人产生同理心，”维尔蕾说，“当你不玩时，你只会一直感到他跟你是不一样的——我们会觉得自己与别人有差别、彼此没有关联，事实上我们之间的差别没那么大。游戏能使我们向对方敞开心胸，产生同理心。”

学习团队合作

史上最短的一首诗，出自拳王阿里（穆罕默德·阿里，Muhammad Ali）在哈佛大学对毕业生的演讲。在阿里敦促毕业生投入世界、做出改变之后，有个学生突然大喊：“给我们一首诗！”阿里一时情急，脱口而出：“我……我们！”他简洁明了的信息勾勒出培养同理心的关键前提：我们唯有放下唯我独尊的态度，感受到他人，我们的心才能敞开。毕竟，同理心总是由“我们”的角度出发的经验。

一起为共同目标而努力，可以帮助孩子做出重要的转变，从“我——我的”朝向“我们——我们的”。那些由“我们”出发的经验，能帮助孩子拓宽社交范围，让同理心发展得更好。《同理心》（*Empathy: Why It Matters and How to Get It*）的作者克兹纳里奇（Roman Krznaric）曾说：“想象同舟共济的感觉，而不只是对他人感同身受。”目标或团队的种类并不重要，在情感与意义上的联结才是通往同理心的捷径。

互助合作、彼此关怀的关系也能让我们的孩子更加聪明、快乐、健康，并且更有利于社会、更有韧性、更能同理他人。艾尔菲·科恩（Alfie Kohn）指出：“许多研究都证明了合作能增进孩子理解他人观点的能力。”社会学家理查德·桑内特（Richard Sennett）说，合作也能让“兴趣不同、利益冲突、彼此看不顺眼、立场不对等、互相不了解的人同聚一堂”。

事实上，当代文化与教养风格的许多方面都让孩子关怀他人的能力受到威胁。今时今日，高度竞争的数字化世界比以往都更加需要孩子学习合作，体验情感联结。

那一天在爱达玛小学的操场上，我看到游戏确实能打开通往同理心的大门。我也注意到孩子们带着微笑，充满情感地一起解决问题。我没听到有人吹哨子，我只听到很多人说“做得好”“再接再厉”，还看到很多人互相击掌。学生们兴致盎然，玩得很开心，但同时他们也学到了互助合作和彼此关怀。更令人感到希望的是，他们在柏油地上的经验似乎能拉近“我们”与“他们”的距离。在团体活动中让不同的朋友圈彼此交融，能扩展孩子的社交圈，使同理心得以增长。

在我们热切地协助孩子成功的过程中，或许忽略了让他们学习同理心及相处法则的最佳场所，其实是操场、田字形击球场及沙坑。以前的游戏方式能滋养孩子的社交、情绪、认知及体能发展，也能让孩子获得同理心优势。然而，令人悲伤的事实是，如今有太多太多的孩子过着没有游戏、高度竞争的童年，他们没有机会学习用“石头剪刀布”解决问题，也不懂得跟别人说“公平点”“你想一起玩吗”。

教孩子团队合作为何如此困难？

最近我去过伊斯坦布尔、马尼拉、开罗及迈阿密演讲；一个月之前，我还去过哥伦比亚、格林尼治、台北及圣地亚哥。我感到非常忧心。过去 5 年，我去过的每一个工业化区域（至少 30 个国家）都可见到一场文化大地震，重塑童年的样貌，造成孩子难以学习与人相处、形成健康的关系及同理他人。我认为，是时候敲响警钟了。

再见了，游戏时间

几十年前，童年时光是骑脚踏车、看云、在户外玩耍，然而现在孩子的成长过程已起了巨大的变化。在 1981 年到 1997 年之间，户外的“自由游戏”（意指没有结构及无人监督的游戏）减少了 50%。尽管有 85% 的妈妈同意孩子到户外玩耍，次数也较上一代少多了。就在这些年间，游戏减少、社交网站增加。心理学家彼得·格雷（Peter Gray）指出：“童年的焦虑、抑郁、自恋倾向有大幅上升的趋势，而同理心却大幅下降。”“自拍症候群”也逐渐增加。

孩子在游戏中学习与人相处、合作、真心关怀、解决问题、协商、分享、沟通和妥协。游戏是强大的社交工具，帮助孩子欣赏彼此的差异、打破藩篱，发展出“我们，而非他们”的心态。正如《同理心文明》（*Empathic Civilization*）一书作者杰里米·里夫金（Jeremy Rifkin）理直气壮地说：“真难‘想象’没有了游戏，孩子要如何发展出同理心。”

然而，在孩子的生活中，游戏的消失已经成真。无论那是因为担心孩子的安全，还是因为看重孩子的成就胜过于草地、沙坑及玩伴；或是因为仰赖数字娱乐设备，而不是玩大富翁、翻跟斗或手球游戏。因为这些都“排不进”我们的行程表中，于是孩子的心理健康及同理心商数都因此被牺牲了。

过度结构化的生活

父母希望孩子出类拔萃，这一点也不稀奇，但如今我们过度强调这一点了。驱动我们这么做的力量，来自孩子在学业上的竞争。成功与否的判断标准以成就、排名及个人履历表来衡量，因此我们得担忧孩子的成绩好坏。孩子的时间表排满了程序课、小提琴课、家教课、礼仪课、西洋棋课等我们希望能给孩子带来“优势”的课程。尽管有些课外活动能为孩子建立信心、减少压力、促进成长，但是一旦成人插手，让孩子的生活太过结构化，使他们的课程和活动缺乏丰富的社交互动，问题就会浮现。孩子需要习得技巧，以建立有爱心的关系（比如倾听、沟通、妥协、协调、问题解决），获取真正能达到成功与快乐的优势。这种学习需要通过面对面与人互动，成人的干预越少越好。

科罗拉多大学的研究发现，与时间多半花在自由活动上的孩子相比，在结构化课外活动上花费过多时间的孩子运用执行功能技巧（一种广泛的重要思考技巧，譬如规划、问题解决与决策制定）的能力较差。

给孩子多一点空间，自由运用时间进行社交互动，会让孩子更快乐、同理心商数更高，也会提升他们的学业表现。

禁止下课

你还记得玩跳房子、抓鬼游戏、躲避球及捉迷藏的经历吗？如今有很多孩子从来没玩过这些游戏。美国 40% 的学校已经（或正准备）减少每天的下课时间，他们要找出更多时间，让孩子准备考试。然而，要提高学习表现，禁止下课是最没效的方式之一。

美国疾病管制与预防中心在检视 50 项研究之后发现，身体活动有益于考试成绩及学业成就和排名的提高，并有助于儿童提高专注力，有良好的课堂表现。斯坦福的一项研究也发现，高质量的下课活动能让孩子在学校感到更加投入、安全及乐观（乐观的态度与许多孩子的优秀表现相关，包括学业成就）。在肯尼斯・金斯伯格（Kenneth Ginsburg）为美国儿科学会撰写的报告中提到，游戏能促进认知发展、提升智力，增进孩子的社交技巧，强化亲子联结。

尽管研究显示，下课活动对孩子有益，许多学校还是持续砍掉下课时间。要知道，下课时间可是孩子练习合作、解决问题、面对冲突及降低压力、结交朋友，从而获得同理心优势的黄金机会。

高度竞争

我们渴望孩子成功，但是，当每件事都变成胜者为王的竞赛时，令人担忧的事就出现了。这时候，所有孩子都是输家，毕竟“我比你强”的心态只会加大“我们”与“他们”的隔阂，对于培养同理心无益（竞争行为是出名的同理心杀手）。甚至连相信“要成功，就要竞争”这种想法也是说不通的。超过 80 项研究驳斥了这种想法。《不争：反对竞争的论点》（*No Contest: The Case Against Competition*）的作者艾尔菲·科恩（Alfie Kohn）写道：“学会合作的孩子，比起那些学习竞争或只顾自己的孩子，有更好的学习能力，对自己更有信心，更能与其他人相处。”他们也会更加具有同理心，更能与人合作。

所以，我们如何能达成平衡，让孩子可以玩耍及学习合作，在校表现优异呢？很幸运，科学家提供的答案不只能帮助孩子，也有益于大人。

科学事实：如何教孩子团队合作

社会心理学家关心人类彼此之间的互动，处理诸如“慈悲”“仇恨”“攻击”及“偏见”等“人性”议题。这些科学家并不只是靠纸笔测验或脑部造影扫描来做研究，他们会直接观察人们。他们根据研究结果找出了有效的方法，能滋养同理心，创造友善的环境，让孩子互助合作、彼此关怀。时值霸凌问题持续加重（美国有 1/3 的学生说他们在学校受人霸凌过），美国各地及校园中种族主义蔓延，此时，科学家提出的解答无比重要。

从“他们”走向“我们”

50年前，美籍土耳其裔社会心理学家穆扎谢里夫（Muzafer Sherif）做了一项实验，发现人们如何由“他们”走向“我们”。他之所以会想做这项研究，缘起于他12岁时，希腊士兵在土耳其伊兹密尔屠杀当地居民。谢里夫因为一名士兵手下留情，侥幸逃过一劫。多年以后，谢里夫成为普林斯顿大学及耶鲁大学的知名教授，并将毕生精力投入在研究如何降低敌意上。在1954年6月，他进行了“罗伯斯洞穴实验”（Robbers Cave Experiment），终于找出了答案。

谢里夫募集了22名五年级学生（经过了家长同意）参加夏令营，地点是在俄克拉荷马州外缘的罗伯斯洞穴州立公园。参与这项计划的男孩，在年纪、人口统计资料及出生背景上都极为接近，“心理调适能力良好”。在参加夏令营之前，这些男孩都不认识对方，并且以为这个夏令营会让他们玩得很开心。他们被分成两组，分别搭乘不同的巴士抵达。两组人马住在不同的营区，事先不知道彼此的存在（实际上，营队顾问是心理学研究所的学生；谢里夫则乔装成营区的看门警卫，在不受注意的情况下进行观察）。

在第一个礼拜，各组都对新营地进行探索，制作队旗，选择队名（老鹰队及响尾蛇队），培养出“我们”是一体的强烈认同。然后，这两组在营队竞赛中互相对抗，进行搭帐篷、棒球及拔河比赛。在刻意安排下，其中一组的伙食、娱乐及受到的待遇比较好。一如预期，两组之间滋生敌意，爆发肢体冲突，双方互相嘲笑、谩骂、恶语相向，直到后来，两组队员都不想再看到对方。

谢里夫打造出“完美的”研究情境，但是研究者必须想出如何降低敌意。

研究团队试着消除双方的敌意，提供奖励，让两组一起看电影及用餐，但是他们仍心有嫌隙。最后，谢里夫发现破解心结的秘密：制造让响尾蛇队及老鹰队必须一起解决的问题，只有合作，才能共渡难关。

先是饮水危机，口渴的男孩们只有一起合作，才能修复莫名其妙断裂的水管。当水管修复时，全部人都欢欣鼓舞。某一天，男孩们在大热天进行远程徒步旅行后，载送他们的营队卡车坏掉了（这回也是研究团队刻意弄坏的）。返回营区的唯一方法，便是群策群力，一起修理卡车。当引擎发动那一刻，大家都发出了欢呼声。两组之间的敌意逐渐消退，男孩们甚至坚持要拍团体照，以“一同”回忆他们的伟大时光。谢里夫发现了让响尾蛇队及老鹰队和平相处的方法。

“当有个更高的真实目标必须一起达成，让双方不得不携手合作时，敌意就消退了。”谢里夫解释道。

这个重要的发现值得记下——**引发同理心的关键方法是“创造正确的社会动力”，让孩子们有共同关心的目标，共享的情感经验，他们便会学习彼此关心。**在竞争性强的环境中养育孩子，不只会强化孩子的敌意，也会让孩子心胸狭窄，减少有利于社会的行为。事实上，成百上千份研究报告指出，让孩子针锋相对的有害竞争会伤害孩子的同理心及利他精神。为了找出方法，创造鼓励孩子们合作的气氛，培养孩子们的同理心，使孩子们的学业表现更加优秀，我们得转向另一位知名的社会心理学家。

拼图解决方案

1971 年，埃里奥特 · 阿伦森（Elliot Aronson）担任得州大学社会心理学系主任，当时他接到一位校长打来的紧急电话，请他一解燃眉之急。那段时间美国刚解除种族隔离的禁令，白人、黑人及西班牙裔的年轻人头一遭同聚一堂，教室里充满敌对的气氛，暴乱因此而生。阿伦森发展出他所谓的“拼图教室法”（Jigsaw Classroom），这个方法不只是要减小种族之间的隔阂，拉近“我们”与“他们”的距离，还要帮助痛苦不已的孩子们学习彼此关心。

阿伦森将四、五、六年级的学生分成一个个小组，组员里有各个种族的成员，大家一起合作写作业，作业主题包括如盖茨堡战役（Battle of Gettysburg）[①]这样的历史事件，或者地球运行轨道的科学原理。每一个学生都负责学习某个主题的一小部分，并且教会团队里的其他成员，过程就像拼图一样。核心价值在于彼此合作，因为他们的成绩要靠彼此的学习与贡献。

起初，学生很痛恨一起合作，但是几个礼拜后，他们开始彼此喜欢，最后“他们”成为“我们”。“通过心理测验评估，孩子们彼此的成见减少了，下课时，不同种族的学生甚至会玩在一块儿。”就像谢里夫的罗伯斯洞穴实验，阿伦森的方法需要学生彼此合作，完成一个共同的目标。

从 1971 年之后，成千上万的班级运用这种拼图式学习法，都发现同样的成功结果，包括考试成绩进步、缺席率降低，学生也更喜欢上学。这种方

---

① 盖茨堡战役（Battle of Gettysburg），1863年7月1日至7月3日，爆发在宾夕法尼亚州附近，为美国内战中最血腥的一场战役，也是美国内战的转折点。

法也帮助学生发展出重要的合作技巧，譬如团队合作、决策制定、沟通及情绪管理。但是这些班级还发生了更重要的事：学生的同理心商数显著上升。

“只是点头之交而缺少相处，孩子会对他人视而不见，”阿伦森说，“但孩子若能每天花 1 个小时彼此合作，他们就会对他人发展出同理心。”

阿伦森最感骄傲的时刻，莫过于收到早年曾参与过拼图教室法的孩子卡罗斯写来的信。这个孩子回忆当年，五年级的同学们把他视为外来者，充满敌意，很残酷地对待他。他来自一个“比较贫穷”的小区，带有墨裔美国人的口音，说话腔调很重，一直被视为外人。但是拼图教室法改变了他的遭遇。他所属的团体慢慢开始帮助他，因为学生必须仰赖他的那一块拼图。“我开始发现我其实没有那么笨。我以为残忍、充满敌意的孩子也成了我的朋友。”他写道。他的压力逐渐减轻，信心开始增加，表现也越来越好。“而今天，”卡罗斯告诉阿伦森，“我收到了哈佛法学院的入学通知。”

从彼此互相认识开始，是把“他们”变成“我们”，也让“我”成为“我们”的第一步。越多孩子彼此分享，他们就会越认同对方，彼此之间的差异、敌意因此消失，让同理心有空间得以发展。

“有些人会一而再，再而三对你说，某个满脸青春痘的胖小子真是太可爱了，”阿伦森说，“而且，没有什么比得上跟那个孩子一组，他温暖、有趣、又聪明。”谢里夫及阿伦森让我们看到，在这些合作经验中，孩子可以学习了解彼此的感受及需求，同理心得以有机会开花结果。最好的信息是，我们有很多机会可以把这些发现运用到家庭、学校及社群中，丰富孩子的生活，这样他们才能学到同理心的第七项重要习惯——团队合作。

如何让孩子互相合作

在写这本书时，我发现有许多很有用的方法，可以促进合作、增加同理心，其中一种让我深受启发的方法是华盛顿特区的茉莉小学（Maury Elementary）所使用的。他们每个月召开一次全校会议。校长卡罗琳·艾伯特－嘉维（Carolyne Albert-Garvey）让330名小学生在学校的多功能教室里围成一个巨大的圆圈。他们互相致意，分享正向的学校经验，学生被视为“同理心的领导人”，彼此鼓励，并练习社交技巧。这样的集体经验也有助于茉莉小学的学生感到自己是爱心学习型社群中的一分子。艾伯特－嘉维创造出了一个社会科学家眼中促进同理心的环境。

我在当老师时，每天早晨总是先由“班级会议”开始。会议一开始，学生会对坐在身旁的人说些好话，然后我们会讨论今天的议程，最后再分享任何特别的新闻或重要事件。我想创造出一个让学生们感觉有所联结的场域，关注他人的需求，学习如沟通、转换观点及解决问题等合作技巧。

我从没意识到这种会议的力量有多大，直到有一天我意外撞见我班上的同学围成一个圆圈，为了一件事讨论得很激烈。有位同学在哭，其他同学安慰她：克莉丝蒂在下课时被人欺负，其他学生就召开紧急会议帮助她。

我看着他们付出同理心，讨论重要议题，尊重彼此，互相倾听，然后一起解决同学的问题。他们达成协议，下课时轮流陪伴她，以免她会落单。这是我教书以来最骄傲的时刻之一：那些晨间会议建立起“我们是一体”的感情，让学生们动员起来帮助同学。

家庭会议、班级会议及茉莉小学的全校会议，都是很棒的方法，让孩子彼此支持，了解不同的观点，在充满爱的环境里讨论问题。在会议中，孩子们也能磨炼重要的社交及情绪技巧，如倾听、鼓励、合作、转换观点及提出好问题。要养成这些习惯，需要练习，没有快捷方式。孩子们需要我们提供这样的练习机会，不管是在家、在课堂上还是在学校里。

八项建议，让家庭、班级及全校会议有效

1. 议程要有弹性。不限制讨论的主题：上周发生的事情、即将到来的计划、使用电脑的时间、零用钱、手足冲突、同学或家人为别人做的好事、表达关心等。放置建议箱，一旦有问题，大家就可以把问题投入箱内，在未来的会议上讨论。

2. 定期举行会议。大多数家庭及老师会每个礼拜进行10~30分钟的会议，看孩子的年纪决定会议时间长短。找出每个人都方便的时间，并且贴出公告提醒出席者。

3. 轮流负责不同工作。分派工作给孩子，让他们每周轮流担任不同角色，使他们可以主动参与：负责主持议程的主席、控制会议时间的计时者、确保会议有遵循议事规则的人、发出会议通知的计划者、负责会议记录的秘书。保留会议记录，以记录会议决策，回顾之前的笔记，并作为家庭或班级的美好回忆。

4. 开放沟通。制定清楚的规则，让每一个成员的意见都能受到平等的对待，每一个人都有发言时间，不对人做评断。用“我有话要说”来帮助成员们了解每一个人的感受及需要：“我感到……悲伤”或“我觉得……沮丧”，

并教孩子重述他们听到的话："你说……""你认为……""你感到……""我刚刚听到你说……"。

5. 给人赞美。有些家庭会在会议开始时，称赞这一周来家人的努力，或者轮流赞美每一个人。给孩子做示范，直到他们明白怎么说。"当你……真的很感谢""这一周当你……你做得很好"，或者"谢谢你……"。

6. 作出决定。通过协商来确定解决方法，保持对话开放，直到每一个人都同意为止（或者在维持异议的情况下接受最后决定）。在会议中达成的决定，必须至少维持到下一次会议才能再做更改。

7. 公平地解决问题。集思广益来解决问题。给问题命名，先写下所有想法（不要先评判），直到穷尽各种可能性为止。然后讨论每个想法的优缺点。给每一个成员机会说出他的意见，找出有用并且尊重每一个人的解决方法。

8. 保持开心的心情。你可以分享这一周最有趣或最美好的事情。用快乐的事情结束会议：端上饼干、玩大富翁、互动游戏，或者每个人拥抱彼此。

培育同理心的利器：站好立场，合作解决问题

与人合作者会与他人一起解决问题，让每个人都感到满意。在互相合作时，人们会通过面对挑战、共享胜利，使同理心更加拓展。运用以下步骤，可以帮助孩子学习和平解决社会冲突的习惯，并同时考虑到他人的感受及需求。解决问题有 5 个步骤，缩写词"STAND"的每个字母代表解决问题的一个步骤，最好一次教孩子一项技巧，直到他们能同时熟练使用五项技巧"站

好立场”（Take a STAND）为止。

步骤 1：S（Stop, look, and listen to feelings.）停、看、听，进入感受中——解决问题的第一步是“保持冷静”。一旦你能自我控制，你便能开始找出让自己不开心的原因，然后解决问题。“慢慢深呼吸，让自己冷静下来，或者慢慢走，直到冷静下来为止。”“问问自己‘我现在感觉如何？’”“看看对方，她看起来如何？”

步骤 2：T（Take turns telling the problem.）轮流说出问题——每个孩子轮流分享自己的想法。分享的规则如下：倾听时要尊重他人，不要打断对方说话。试着体会他人的感受。说话时用“我”而非“你”来做开头，这么做，能让孩子把焦点放在问题上，而不是想驳倒他人。例如，艾尔：“我会生气，是因为都没有轮到我。”凯文：“嗯，我也想用遥控器，我快受不了了。”

然后每个孩子用自己的话，把别人说的再讲一遍。凯文：“所以，你不高兴是因为你觉得都没轮到你。”艾尔：“你的感觉跟我一样，你认为是我没让你有选择。”

步骤 3：A（List Alternatives.）列出各种选项——进行脑力激荡，找出公平的解决方法：“不要放弃，试着找出对双方有利的想法。”设定定时器，每隔几分钟响一次，对年幼的孩子或注意力短暂的孩子会有很大的帮助。

脑力激荡的时间多长，得视孩子的年纪及问题解决技巧而定。例如，艾尔："我们可以用吸管抽签，看是谁先。"凯文："或许我们可以每次都让来宾先选择。"艾尔："我们可以轮流，让每一个人都有机会轮到。"

步骤 4：N（Narrow choices.）缩减选择——把选项缩减到只剩下几项，删除不安全、让人不自在、不可能的选项，违反家规或校规的选项也要删去。艾尔："（承上题）不要采用来宾先选的规则，因为我们可能是在操场上，而不是在家里。"凯文："我们可能没有把吸管带在身上。"

步骤 5：D（Decide the best choice.）决定最佳选择——现在从剩下的选项中选出每个人都能同意的最佳方法。一旦大家都同意了，就必须遵守。艾尔："（承上题）所以唯一剩下的方法就是轮流。我们只要记得谁最后选，这样你可以接受吗？"凯文："好，就这么办吧。"

如何协助孩子跳脱对立思维

苏斯博士（Dr. Seuss）的经典故事《史尼奇》（*The Sneetches*）是关于一群像鸟般的生物，彼此长得很像，差别只在于腹部的星星。那些小星星创造出"我们"与"他们"的分别。

腹部有星星的史尼奇是自恋狂：他们认为自己比较优秀，总是"老王卖瓜，自卖自夸"，也看不起腹部一片空白的史尼奇。腹部没有星星的史尼奇，因为被有星星的史尼奇排挤而感到沮丧。最后，双方都意识到不管腹部有没有星星，他们其实都是同类。苏斯博士给孩子上了一堂有关同理心的完美的课：外表的差异不应该造成我们的分裂；毕竟，我们就是“我们”。

1. 说话时以“我们”当主语。只关心自己会降低同理心，所以在跟孩子说话时，请刻意改变主词（在适宜的时机），把“他们”改成“我们”，“我”改成“我们”。“我们应该做什么呢？”“什么会对我们更好呢？”“让我们来投票，看我们要选择什么。”稍微地改变主语，可以帮助孩子明白人生应该从“我们”的角度来思考，而非绕着“我”打转。

2. 拓宽视野。鼓励孩子在学校里、放学后、夏令营中，跟不同种族、文化、年龄、性别、能力及信仰的人接触。确定你正确示范了对多元文化的鼓励，让你家孩子可以看到你是如何尊重差异的。

3. 寻找相似性。请帮助孩子找出与他人的共通性，而非差异性。当你家孩子说：“他们的皮肤好黑。”请回答：“但是他们跟我们上同一个教堂，也跟你一样弹吉他。”当你家孩子说：“他们很不一样。”请回答：“你跟别人也有很多地方不一样,所以让我们想想看你们有哪些地方是一样的。你们都踢足球，还有呢？”

4. 强调“跟我一样”。延伸以上的想法，让孩子看到他与别人都一样有恐惧、梦想、情感、担忧及喜悦。“是的，他来自不同国家，但是当他被排挤时。他会有什么感觉？”“没错，他使用的是不同的语言，可是你想他跟你同样担忧的事情有哪些？”“她的数学成绩比你差,可是当她没搭上校车时，她看起来跟你一样生气。”持续扩大孩子的观点，帮助孩子看见自己跟其他人之间的共通性远大于差异性。

5. 教孩子“检视现实”！刻板印象会抹杀同理心，要克服这一点，很重要的是帮助孩子听出话里有一概而论的偏见，譬如：“他们从不……”或“他们总是……”这种话往往会增加“我们”跟“他们”之间的对立。若是有家人说出这种一概而论的话，其他人可以客气地问：“真的吗？”假设孩子说：“亚裔小孩总是考到好成绩。”爸妈可以问孩子：“真的吗？每一个亚裔小孩都这样吗？”孩子若说：“爷爷的朋友都听不到我说话。”姐姐便可以反问：“真的吗？你知道有很多老人家的听力都还很好。”孩子说：“让女生来领导，都做得很差。”爸爸回答：“真的吗？学生会那几个女生，就是很棒的领导者。”由哈佛大学的魏思保德针对全美各初、高中将近20000名学生所做的研究显示，学生比较喜欢接受并支持由白人男孩当家的学生会，而较不支持白人女孩领导的学生会。女孩的领导能力受到偏见而被贬低，是时候帮助他们（及我们）检视现实！

6.阅读多元文化的读物。2012年，在美国提到有色人种的儿童读物不到8%。让你的孩子多多阅读正面阐述各种文化、年纪、能力及性别的书籍。幼儿可以读：乌马·克里希纳斯瓦米（Uma Krishnaswami，印度裔）的《带阿夏回家》（*Bringing Asha Home*）、艾伦·赛伊（Allen Say，日本裔）的《外公的旅程》（*Grandfather's Journey*）、安德鲁·艾巨奇（Andrew Aldrich，由一对白人同性恋者所领养的非裔美人）的《我家怎么形成的：爸爸、爹地与我》（*How My Family Came to Be: Daddy, Papa and Me*）、保罗·戈布尔（Paul Goble，美国原住民）的《野马之歌》（*The Girl Who Loved Wild Horses*）。大一点的孩子可以读：琳达·克鲁（Linda Crew， 柬埔寨裔）的《河流之子》（*Children of the River*）、罗莎·帕克斯（Rosa Parks，非裔美人）的《亲爱的帕克斯女士》（*Dear Mrs. Parks*）、内田淑子（Yoshiko Uchida， 日本裔）的《无形的线索》（*The Invisible Thread*）、埃利·威塞尔（Elie Wiesel，犹太裔）的《夜》（*Night*）。

适用于不同年龄层的方法

当我们家的小儿子读八年级时，他的社会研究老师乔·安妮·吉儿（Jo Anne Gill）指派他们参加一项由美国宪法权利基金会赞助的“全国历史日”计划。全世界超过 60 万名学生以个人或团体的名义，参与这项年度盛事，对重要的历史事件进行详尽的研究。

我的儿子柴克跟他的队友邓肯·麦克伊恩（Duncan MacEwan）及蒂姆基恩（Tim Keane）对日裔美国人的拘禁营区很感兴趣。在珍珠港事件之后，小罗斯福总统曾下令监禁超过 12 万名住在美国的日本人。那些男孩感到很纳闷：“他们绝大多数都是美国公民，我们怎么能这样对待自己的同胞？”他们组成的团队决心去了解此事真相。

这几个男孩去采访一名女子，她童年时曾住过拘禁区。我还记得石松（Ishimatsu）女士多么有耐心地向 3 个涉世未深、才 13 岁大的白人男孩讲述她的经历。她带男孩们换位思考，给他们留下极为深刻的印象。

“如果几个小时内，你就要把所有你能带的东西装入行李箱里，并且被带往围着铁网的拘禁营区，你会有什么样的感觉？”她问，“当你的爸妈失去家园、生意或农场，你会怎么想？你能想象拘禁营区的武装警卫全天候监视你，一旦你想逃跑，就开枪射杀你，那是什么样的感觉吗？”

我看到自己的孩子及他的朋友理解到了某种深刻的道理，身为父母，这真是珍贵的一刻：他们通过有亲身经历的人，明白歧视的后果。在两小时访谈结束之后，男孩们对石松女士感恩不已。

之后，他们开始一段共同的冒险，结果如何难以预料。他们像阿伦森的拼图式学习那样，针对共同的目标，分头进行研究：他们要说出日裔美国人在拘禁营区的故事。他们挖得更深，访问更多受过拘禁的人，当他们知道越多，他们越感愤怒。

有一天，3 个男孩的爸爸们决定帮助他们“亲身体验历史事件”，他们开了 5 个小时的车，载男孩们前往曼扎纳战争迁徙中心（Manzanar War Relocation Center）过夜，石松就是被拘禁在这里。男孩们看到多年前的哨兵岗哨，走过收容拘禁者的水泥基地，他们体会到那种孤独与绝望，并且（至少在那一晚）领会到为何被拘禁者会感到孤单、挫折及害怕。他们感受到石松的痛苦。孩子们的心里仿佛燃起了一把火，而且火焰熊熊不熄。他们的课堂报告变成一种个人使命，要让全世界的人都知道“他们的朋友”受到如何不公的待遇。

接下来几个月，我很惊讶地看到这个团队赢得了学校、地区及郡竞赛，当他们拿下全加州第一名时，他们雀跃不已。他们在马里兰大学夺得全国第一时，我哭了出来。

我的儿子跟他的团队所学习到的不只是历史：他们的经验教给他们合作与慈悲，也让他们看到了不公不义与种族歧视。然而，不只是这些男孩学到了这些，我也学到了：**口述分享历史，是开启同理心的绝佳工具。**

我深深相信要消除具有毁灭性的成见，最好的方法是让孩子获得有意义的经验，接纳差异，打破藩篱，直到“他们”成为“我们”。而这一切都始于同理心。

- **减少一项活动！** 调查发现，80% 的儿童希望能有足够多的自由时间；41% 的成人承认，因为要做的事情太多，大部分时间都觉得很沮丧。检查孩子的日程表：有没有额外的活动可以删掉，给孩子更多自由时间，让他们跟朋友一起玩耍，练习合作？（所有年龄层都适用。）

- **学习一项新事物。** 鼓励孩子每天学到“一件新事物”。这项习惯能让孩子更深入倾听、问问题，把更多注意力放到别人身上，少关注自己。缩写词 FACT 帮助孩子记得四项简单的“话题开启技巧”，可以打开话匣子、结交新朋友、加强彼此的关系，并且培养同理心。何不鼓励你家小孩在晚餐时分享他们“对人的新发现”，练习与人面对面沟通，每天晚上运用一项新的“话题开启技巧”，与家人对话？（学龄儿童、青少年适用。）

F（Favorites）喜好：食物、运动、团队、电影、电视节目、书籍或者旅游地点（“你最喜欢的棒球队是哪一队？”）。

A（Activities）活动：喜欢如何度过时光或兴趣（“星期天你喜欢做些

什么？”）。

C（Contacts）联络人：最喜欢的老师、教练、朋友、队友或日常来往的人（“去年谁在你队上？”）。

T（Talents）才能：特殊技能、兴趣、运动或乐器（“你会哪一种乐器？”）。一旦建立关系，孩子便可以问更深入一点的问题，包括对方的希望、梦想、担忧、意见、个人挑战或回忆。

- **称赞友谊，而非获胜。**当你恭喜孩子的成功时，别忘记也嘉奖他展现慈悲、与人合作和鼓舞他人的优点，如“你给莎曼珊球时真是一记妙传。”“我喜欢你听取同学的意见。”并向孩子解释，高度竞争的驱动力会让其他孩子丧气。“你是赢了，但你每次被吹犯规时都要争吵，你的队友怎么想？”“你是个很棒的鼓手，但是当你自吹自擂，说自己是‘音乐天才’时，注意看看乐团其他团员的反应。”（所有年龄层都适用。）

- **成立青年服务团。**何不鼓励孩子（以及他的朋友）在朋友圈、邻居、学校、童军团、信仰团体或小区组织中，成立关怀团体？他们可以脑力激荡，想出方法，一起影响世界（为无家可归的孩子搜集玩具，为年长者烘焙点心，与儿童医院的病人通信，帮军人制作爱心包裹），看看什么能点燃他们的热情。（学龄儿童、青少年适用。）

- **社交跨界。**由“提倡容忍”（Teaching Tolerance）这个组织所发起的全国性运动“午餐跨界”，鼓励学生跨越社交界线，遇见新朋友。在每学年中找出一天的午餐时间，让学生走出舒适圈，与新朋友相遇。很多学校甚至每个月、每周举办这样的活动，这些学校发现，这种做法会使学生的交友圈更加多元，并且减少霸凌。找出方法，让孩子可以在交友上“跨界”，以拓展他们的视野。也可试试将“瑞秋的挑战”（Rachel's Challenge）[①]这样很有力量的计划，引进你的学校。（学龄儿童、青少年适用。）

- **举办睦邻电影之夜。**通过看电影，有助于讨论合作的力量与提升孩子的同理心。所以何不跟孩子们提议，在庭院或顶楼举办夏日“星光电影夜”。挂上床单，铺上毯子，用DVD 播放电影。幼儿可以看《美国鼠谭》（*An American Tail*）、《午夜奇迹》（*Miracle at Midnight*）、《完美的旋律》（*Perfect Harmony*）、《海底总动员》（*Finding Nemo*）、《帝企鹅日记》（*March of the Penguins*）。大小孩可以看《光荣战役》（*Glory*）、《光辉岁月》（*Remember the Titans*）、《球场雄心》（*Hoosiers*）、《再见，孩子们》（*Au Revoir Les Enfants*）、《南北军魂》（*The Blue and the Gray*）、《阿波罗13号》（*Apollo13*）、《回形针》（*Paper Clips*）[②]。（所有年龄层都适用。）

- **举办合作游戏。**教孩子及他的朋友们玩团队游戏，强调合作而非竞争。相关资源包括：特里·欧力克（Terry Orlick）所著的《合作式游戏与运动：让每个人都开心的活动》（*Cooperative Games and Sports: Joyful Activities for Everyone*），乔赛特·卢马尔（Josette Luvmour）和桑巴瓦·卢马尔（

---

①“瑞秋的挑战”（Rachel's Challenge），瑞秋是1999年4月20日美国科伦拜校园枪击事件的第一个死者，她的父母在她死后成立这个组织，致力于减少校园暴力事件。

②《回形针》（*Paper Clips*），这是一部纪录片，讲述美国田纳西州一所中学为教导孩子尊重他人，发起用回形针悼念犹太人遭大屠杀的经过。

Sambhava Luvmour）合著的《全都是赢家！合作式游戏与活动》（*Everyone Wins! Cooperative Games and Activities*），苏珊·雷格丝达儿（Susan Ragsdale）及安·瑟勒（Ann Saylor）合著的《伟大的团体游戏：175种赶走无聊、不用准备、大小适用的团体游戏》（*Great Group Games: 175 Boredom-Busting, Zero-Prep Team Builders for All Ages*）。（所有年龄层都适用。）

- **鼓励他人。**好的合作者具有合作精神，所以教孩子说些鼓舞士气的话，以支持他人，让大家能通力合作。"让我们再接再厉。""投得好！""这太棒了！""继续做下去！""我们做得太好了！""好厉害的团队！"（所有年龄层都适用。）

- **教孩子做决定及协商。**教孩子用"石头剪刀布"解决问题，譬如"谁先来？""球出界了吗？""我们要玩什么？"等会妨碍合作的状况。在说"石头剪刀布"的时候，每个孩子同时伸手做出手势，"石头可以砸碎剪刀""布可以包住石头""剪刀可以剪布"。这样便可做出决定！如果有人出一样的手势，就再出一遍。有时候，这个游戏可以"三局两胜"。（所有年龄层都适用。）

- **在意见不同时学习尊重。**任何团体都会有意见不同的时候，所以教孩子如何在意见不同时懂得尊重，并持续开放沟通。告诉孩子："你有权不同意我们。如果是这样，冷静地说说你的想法。你可以说'我不同意，因为……''你们的想法是这样，但我的想法是……''我的想法不同，因为……''这件事还可以这么想……''你有用这种方式想过……''你有考虑到……'"然后倾听每一个人的意见。准备改变或坚持自己的想法，但保持尊重的态度。（所有年龄层都适用。）

• **制订家庭计划。**想出能动员家庭成员一起工作的计划，比如安排野餐、整理花园、公益服务、规划旅行，甚至家庭大扫除。按照步骤进行，让孩子体验合作的过程，譬如安排家庭二手拍卖会：分派工作，写拍卖标签，找出可贩卖的旧玩具及旧书，给每项商品贴上价格标签，把东西搬到草坪就位。大一点的孩子可以帮助幼小的孩子一起“结账”，没卖掉的物品可以捐赠给家人投票选出的慈善单位。（所有年龄层都适用。）

关于培养合作精神的五大须知

1. 孩子所需要的合作技巧（相互鼓励、面对冲突、握手及解决问题）就像肌肉一般：如果不使用，就会衰弱无力。

2. 孩子有越多机会互相接触、彼此合作，就越懂得从“我们”，而非“我”的角度来思考。

3. 让孩子生活在差异性大的环境中，提供他们与人合作的机会，多去了解他人，可以培养同理心，帮助孩子获得同理心优势。

4. 家庭会议以及班级会议能让孩子练习社交及情绪技巧，了解各种观点。

5. 学习关系技巧最好的方式是观察、实践与反复练习。

最后的叮咛

在我大儿子 9 岁的时候，老师安排他们班在假日时去疗养院唱歌。学生练习了好几周，但我儿子不是很想去，因为他很少跟老人家相处。在我告诉他疗养院的状况后，他才比较放心。等他从疗养院回来时，他的恐惧已经消失。事实上，他等不及再去拜访他的“新朋友”。

“妈妈，他们就跟我们一样，”他说，“他们喜欢音乐，没有家人去探望他们时，他们会很寂寞。有好多小孩都想再去那里，你可以带我们去吗？”这个经验让我的儿子及他的同学不再把这些老人家视为陌生的“他们”，而是跟“我们”一样，只是年纪大一点的新朋友。

让孩子去接触不一样的人，让他们有合作机会、认识他人，是培养同理心、增加同理心优势的一条道路；也是让下一代可以深刻关怀他人，渴望对世界有所贡献的另一个方法。

Part 3

活出同理心

思想决定行动；行动养成习惯；习惯形成性格；性格决定命运。

——查尔斯·里德（Charles Reade）

8

有同理心的孩子勇于承担

·提高道德勇气·

霸凌已成举世焦点，世界各地的父母都想找出解决之道。美国有 50 个州已经制定反霸凌政策，成千上万的反霸凌课程持续不断被设计出来，针对各种年纪，已在课堂上使用。然而，要停止这种同龄人之间的残忍行为，我们可能忽略了最有效的反霸凌策略：运用旁观者的同理心，彼此关怀。当孩子看到同龄人的残忍行为，为受害者挺身而出，霸凌现象就会大幅减少，这便是我们谈同理心的下一个阶段。在第一部分，我们学到如何帮助孩子发展同理心。在第二部分，我们了解如何帮助孩子实践同理心。然而在第三部分，涵盖了本书最重要的精神：帮助孩子活出同理心的习惯。

电视节目“日界线”的工作团队很了解我的工作，他们请我帮忙拍摄有关旁观者的节目。美国全国广播公司的新闻记者兼主播凯特·思诺（Kate

Snow）是实况转播通讯记者，我则是教养专家。由此我们准备了一场精心设计的节目：我们雇用青少年演员扮演霸凌者、受害者及帮凶。节目团队发出假消息，说要为“青少年真人秀”征选表演者。许多初、高中的孩子相信这是他们成名的机会，便报名参加（他们的爸妈在陪同孩子抵达后，被告知了真实情况）。

每一个关于霸凌的迷你实验中，都有6个孩子：3个孩子扮演三个角色——霸凌者、受害者及帮凶；另外还有3个不知情的青少年在房间里等着“试镜”（没有大人陪伴）。等节目开始，隐藏摄影机便开始拍摄，年轻演员会按照他们的角色做几分钟的演出：“霸凌者”会虐待“受害者”，“帮凶”会在一旁推波助澜，“受害者”会演出越来越痛苦的样子。每一位家长（从另一个房间透过监视器观看）都很有自信，认为自己的孩子会伸出援手，但是绝大多数家长都预估错误。我们进行了一整天的拍摄，没有一个孩子插手干涉。

接下来到了最后一组“试镜者”，有位父亲说出了他的担忧。“我总是告诉露西，我希望她能够帮助别人，”他告诉我，“我希望露西能够介入，这在我们家是非同小可的事。”

这位父亲的话，是让有些孩子具有道德勇气的主要原因：他们的父母期待他们具有社会责任，这是第一位说出对孩子有道德期许的父亲。绝大多数父母告诉我他们的孩子不会插手管事，因为“赢得演出机会”更加重要。这个信息道出了千言万语。

然后，摄影机开拍了。演员称职地扮演他们的角色，但是这一回出现了不一样的状况：有个孩子很明显地不赞成“霸凌者”的行为。比起其他孩子，她对“受害者”更加感同身受：她的“情绪雷达”完全打开。当演员按照指示越骂越凶时，她往“受害者”靠近，以确认他没事，她还试图让其他人不要置身事外。当她发现其他人不想介入时，她站到两个演员之间，想让局面冷静下来。当“受害者”看起来痛苦不已时，触动了她的神经。不到 3 分钟，这女孩就受够了：现在那男孩的痛苦就是她的痛苦。她很肯定地对“霸凌者”说“住口”，说他的行为“一点也不酷”，然后去安慰那个“受害者”。在整个过程中，她都保持冷静、勇敢，非常光荣。这位大胆、充满人性的孩子就是露西。

她的父亲欣喜若狂，无法克制自己。“她打抱不平了！”他大喊，“噢，我好爱她！她为人打抱不平！”听到这位父亲为孩子的所作所为发出骄傲的欢呼声，这种情况真是罕见。

在控制室的制作人也为她喝彩，摄影师擦去泪水，我们都感到敬畏：我们看到了一个有道德勇气的孩子。当思诺最后现身向孩子们解释，这场霸凌是设计出来的，露西一时崩溃，哭了出来。

“噢，我真高兴这是假的！”她啜泣道，“我为他难过，我看不下去他被人伤害。”每一个成人都知道我们见证了神奇的一刻，但他们也想知道，为何其他人都不管时，她会伸出援手呢？

因为同理心。我告诉他们：“你们看到的是同理心的力量。”

露西的同理心促使她伸出援手，但是道德勇气让她能采取行动。要那女孩不发声是不可能的：她感受到了那男孩的痛苦。

学习实践道德勇气

道德勇气是很特别的内在力量，可以鼓舞孩子凭借同理心的力量采取行动，不顾一切，帮助他人。要发挥道德勇气，不是那么容易做到的，有时候会有风险，而且其他孩子可能不认为那么做“很酷”。然而，有道德勇气的孩子仍会勇于承担，为公义与慈悲挺身而出。这全是因为道德勇气让孩子不只是对他人的痛苦感同身受，还会为有需要的人伸出援手，给他们安慰，为他们发声。这些孩子是“挺身而出者”（同理心精英），他们为了别人站出来，因为他们打从内心深处知道，这是正确且有爱的事。

那么，我们为何会想要孩子具有道德勇气呢？请听我一一道来。

勇敢的孩子更可能抵挡负面的同龄人压力，拒绝违反家庭价值的诱惑，坚持做对的事情。道德勇气对于预测成功幸福，也扮演了令人惊讶的角色，它会给孩子带来同理心优势。这项核心习惯会增强孩子的韧性、自信及意志力，也会提升孩子的学业、成绩表现及学校参与度。它还能强化孩子的冒险肌肉及创造力（令人担忧的是，美国孩子的创造力发展逐渐衰竭。童年创造力与终身创新成就的相关性，要比童年智商高上3倍）。这些孩子可能会改善人类处境。

这一章会提到如何在复杂诡谲的世界，让孩子养成所需的道德勇气习惯。现今的文化充斥着贪婪自私、道德沉沦，我们有必要养出具有勇气的孩子。有道德勇气的孩子，不以自我为先，是安静、低调的英雄，也不在乎别人的称赞与奖励，但是会出于道德信念，对自己在乎的事采取行动。还有，这个世界需要拥有同理心的好人。

为何孩子会袖手旁观，而不挺身而出？

最新的研究结果指出，对于阻止霸凌，旁观者扮演重要的角色，他们的行为会让事件产生重大的转变。当旁观者为受害者挺身而出时，有 57% 的霸凌行为会在 10 秒内停止，然而多半时候，只有 19% 的旁观者会出手介入。

为什么旁观者不帮忙？要找出原因，我询问了最适合回答此问题的人：孩子。我在全球各地，包括美国、尼加拉瓜、墨西哥、卢旺达、加拿大、哥伦比亚、德国、意大利，还有设于美国本土及海外的美军基地，访问超过 500 个孩子。霸凌与每个地方的孩子都相关，无论孩子们居住在何处，文化背景或人口统计资料有何差异，他们置身事外的原因都很相似。

1. 无力感。“我不知道怎么做才能阻止霸凌。”大多数孩子告诉我他们想插手，但是没有人告诉他们要怎么做。油然而生的无力感，或者缺乏训练，会让孩子有所犹豫，要是他们学过如何应对，或许能改变这种情况。85% 的孩子看到的霸凌事件都没有大人在场，我们必须教孩子如何应对。

※ 挺身而出的方法：在“培育同理心的利器：如何为他人挺身而出？”段落（第 220 页），提供 7 项挺身而出的技巧，让孩子可以安全地出手介入。给孩子提供在不同情境下的解决方法，并让孩子选择自己感到安全的方式来练习，直到成为习惯为止。

2. 状况不明。“我不确定自己是不是该帮忙。”孩子不想把事情弄得更糟、让自己丢脸、使自己（或别人）陷入麻烦。他们若是能掌握情况，知道成人会支持他们，理解霸凌是什么，他们就更可能会出手介入。

※ 挺身而出的方法：检视学校的霸凌政策，让孩子清楚教职员及你的想法。用缩写词 CAP 所代表的三个定义，教孩子了解什么是霸凌。

C ＝霸凌是反复的残忍（Cruel）行为。

A ＝霸凌绝非偶然（Accidental）：霸凌者是故意在言语、情绪以及（或者）身体层面，让另一个孩子感到痛苦。

P ＝霸凌是力量（Power）的不对等：受害者抵挡不住，并且需要帮助。

3. 同龄人压力。“我不想当告密者，我会失去朋友。”在孩子的生活里，朋友至关重要，孩子很在乎是不是会失去朋友。

※ 挺身而出的方法：如果成人重视，并且能为孩子保密，孩子会比较愿意通报。确定孩子的学校是否有机密的电话热线、网站或信箱，若是有，让孩子知道。在这章里，有许多活动可以帮助孩子知道很多跟他同年龄的孩子都在对抗霸凌。找出方法，帮助孩子及他的朋友改变想法，让他们觉得“行善很酷”。

4. 责任分散。“或许其他人会帮忙。”如果还有他人在场，旁观者比较不可能介入，或者反应会比较慢，每个人都假设其他人会管事，以至于没有人采取行动。

※ 挺身而出的方法：新一波预防霸凌的方法教孩子们明白身为旁观者，很容易就会袖手旁观。有研究显示，学习过社会心理学中关于“旁观者效应”

的学生，会比较不受影响。以适合孩子年纪的语言，与孩子一起讨论责任分散以及情境认知（situational awareness）技巧（请见第 228 页“教孩子注意安全的 S.O.S.”）。与青少年一起观赏菲利普·津巴多（Philip Zimbardo）著名的“斯坦福监狱实验”影片，了解当中的旁观者效应，并阅读“好撒玛利亚人”研究（请见第 215 页的描述）。津巴多提倡我们要教孩子情境认知技巧，帮助他们准备好应对可能会承受到的社会压力。

5. 过度同情。“我觉得自己太没用了，我帮不上忙。”的确，霸凌会造成严重的情绪伤害，而且光是目睹霸凌事件，孩子就会深受重大的心理及生理压力。参与“日界线”活动的露西很明显相当痛苦，她以为受害者正被人伤害，对有高度同理心的孩子来说，这是很典型的反应。不帮助受害者，会产生罪恶感（“我应该要帮他的”）、恐惧（“接下来可能会轮到我”），以及过度同情（“我觉得自己也被霸凌了”）。因此，成人也要学习霸凌是什么，孩子则是要学习自我调整策略（请见第 5 章），这样孩子才能调适自己，让同理心的管道敞开，填补同理心断层，在因产生同理心而感觉自己必须有所回应时，能够采取行动。

※ 挺身而出的方法：第 222 页的“如何协助孩子在紧要关头控制局面，发挥道德勇气”，提出 4 项关键技巧帮助孩子减少恐惧、罪恶感及同情心衰竭。告诉孩子：“如果当时你觉得不方便介入，之后你还是可以帮忙。”［请见第 226 页“运用你的心（HEART）”段落；要知道更多方法，可见第 226 页“适用于不同年龄层的方法”。］

6. 大人的支持太弱。“我妈妈不相信我。”很多孩子承认他们没有把霸凌事件说给大人听，因为“他们不相信我”。有些孩子说大人低估了事情的严重性，“老师说那没什么大不了”。还有孩子担心事情会更糟糕，自己会成为下一个被霸凌的对象。恐惧报复是一个重大的问题。

※ 挺身而出的方法：唯有孩子能信任大人，才可能让孩子在有危险的状况下，鼓起勇气说出来。所以，成人能理解霸凌对孩子的毁灭性影响非常重要。倾听并相信孩子，告诉孩子你会支持他们，这样孩子才会来找你帮忙。

霸凌行为伤害了世界各地的孩子。全球各地的孩子都很担忧同龄人暴力。哥伦比亚的孩子问：“世界上其他地方的孩子也像我们一样受到伤害吗？”得州的青少年说：“请老师注意走廊，这样我们才会感到安全。”英国的青少年说：“霸凌的状况多到我们难以想象。”加州的孩子说：“没有人会听我们说，我们好难过。谢谢你听我们说。”

培养勇气的第一步是倾听、支持及相信孩子，让他们感觉安全。请好好地听！

科学事实：行善对孩子有益

“为什么有些孩子会关心他人，愿意冒险协助，但是其他人却视而不见？”这个问题让我想了好多个夜晚。我们知道缺乏同理心会引发人类的黑暗面。我研究卢旺达的种族大屠杀，拜访过位于波兰的奥斯威辛集中营和德国的达豪集中营。我站在南非开普敦的“盲眼街”（对，真的有这条街）上，在南非实施种族隔离政策时，这里的白人同胞眼里没有他们的黑人邻居，像是瞎了眼般，有些人还干脆走开。

我目睹有人选择站在同理心的对立面，我知道如果同理心及道德勇气衰微，同理心断层扩大，孩子的未来就危在旦夕。不过，有人正以科学方法研究是什么释放与禁锢人性特质，这些发现在我们养育下一代时至关重要。

为什么我们不伸出援手？

心理学教授约翰·达利（John Darley）及比博·拉塔内（Bibb Latané）决定研究这个问题，并进行了一系列知名的心理学实验。他们在地铁、旅馆房间、街角及实验室设置了伪造的紧急状况，这些参与者都不知情，然后观察人们会花多久时间才会伸出援手（如果有的话）。有时候，受试者会单独与假装需要帮忙的“实验同伴”在场；有时候，受试者身边会有旁人。

在其中一个实验里，受试者在填问卷时，烟雾飘进房间里，他们并不知道这是刻意制造的；在另一个实验里，实验同伴突然发病，命在旦夕，请求协助；或者，受试者会听到一位“痛苦的女士”因脚痛而哀号不已的声音（一段事先准备好的录音）。那么，谁会伸出援手呢？

旁观者效应

达利及拉塔内发现人们会视情境发挥同理心，这可称为“责任分散效应”（diffusion of responsibility）：在“紧急事件”发生时，看到的人越多，就越少人感到有责任介入，也会越慢伸出援手。我们不介入，是因为我们认为其他人会。不过，当受害者是朋友时，群体动力便改变了，有 95% 的人会在 3 分钟之内就给予协助。即使只是在紧急事件之前没多久才与“受害者”相识，也会缩短我们介入的时间。

旁观者也会错误解读眼前的情况，或者错误地以为其他人都接受当下发生的状况［即“多数无知”（pluralistic ignorance）］。或者，旁观者会否认情况的严重性，误解受害者的心情，或者害怕自己的响应会让事情变得更糟糕。然而，即使是那些没有介入的人，也会表现出真心的担忧，而且通常会紧张得发抖。他们往往会对受害者的痛苦产生同理心，但他们之所以没有出手相助，是因为他们不知道要做些什么（这是同理心断层之所以产生的主要原因之一）。

达利还与心理学家丹尼尔·巴特森（Daniel Batson）一起做了另一个实验。这一回，他们找了神学院的学生，要他们走路到教堂做一段关于“好撒玛利亚人”（Good Samaritan）[①]的演讲。他们在路上遇到一个男人躺在地上，出声呼救（这是达利与巴特森的安排）。结果发现，这些神学院的学生是否会出手相救，主要跟他们是否快迟到了有关——即使他们要去演讲的主题是“利他主义”！在判断自己还有很多时间的学生中有2/3的人会停下脚步帮忙，觉得自己已经迟到的学生只有10%这么做。

孩子们还告诉我，有时候，他们没有出手帮忙，是因为“不想迟到，惹

---

①“好撒玛利亚人”（Good Samaritan），《圣经》“路加福音”第十章第25~37节，耶稣讲述了一段寓言：有个犹太人遇到强盗打劫，受了重伤，躺在路边。有祭司及利未人经过，对他不闻不问。但有位与犹太人素来不合的撒玛利亚人经过，却“看见他就动了慈心”，对他出手相助。

麻烦上身”。所以清楚地告诉孩子，“帮助他人”永远比“迟到”更加优先，就算孩子因为迟到受到责备，你也会支持孩子的决定。

旁观者效应也会影响孩子

旁观者效应不只在大人身上看到，最新的科学研究显示旁观者效应也会影响年幼的孩子。德国马克斯·普朗克研究所的研究者找了 60 名 5 岁的孩子来做实验。在一个房间里，有 3 个孩子：两个孩子是实验的一部分，他们的行为完全按照指示；第三个孩子则是受试者。这个孩子以为要给一幅画着色，接着一名女性实验人员“意外”打翻了水杯，她来不及阻止，叫出了声。“我需要擦桌子的东西。”她说。然后她望向不远处刚好放着的纸巾。这名女士表现出更难过的感受，如果没有孩子帮忙，她便会出声问：“有人能帮我把那边的纸巾递给我吗？”

你觉得你家孩子会怎么反应呢？要记得，这项实验排除了害羞的可能性。这项研究发现当有其他孩子在场时，5 岁孩子帮忙的可能性就较小。责任分散效应也影响到幼小的孩子。

为何有些孩子很勇敢

《善恶心理学》（*The Psychology of Good and Evil*）的作者欧文·斯托布（Ervin Staub）几十年来，一直投入在研究为什么有人会伤害别人，有人则会帮助别人。这些年来他帮助许多学校发展出“反旁观者效应”的课程，鼓励孩子出手介入霸凌事件。他的研究显示，随着孩子年龄成长，孩子的英雄气概有下降趋势，而这应该是个警示。

斯托布的实验设计是有位年轻的女性在学校教室里跟两个孩子一起玩，然后她告诉孩子，她要离开一会儿，走出去之后便把门带上。之后，孩子听到很大的撞击声，接着就是孩子的哭泣声，孩子们会以为这是发生在隔壁游戏室的事。

大约有一半的情况，至少会有一名 5 岁孩子跑到隔壁游戏室帮忙，二年级的学生则有 90% 会跑去帮忙。接下来，孩子的勇气随着年纪增长而下降。四年级的孩子有 40% 会帮忙；六年级的孩子只有 30% 会对孩子的哭泣声有反应。为了对抗这种“勇气下降”的状况，斯托布坚持我们必须持续鼓励孩子具备帮助他人的社会责任，从小就强化孩子内在的英雄气概。这样的建议也能应用在缩小同理心断层上，让孩子在动了善心时，更会去采取行动。

斯托布也发现当幼儿园孩子跟一年级小孩一起配对时，比较会对他人的苦难做出回应。他们会分享彼此的担忧（“我很害怕，你会不会？”“你觉得我们要不要去帮忙？”），这能帮助他们保持冷静，并且更可能去帮助他人。青少年比较不会讲出他们的恐惧，更不会出手介入。所以鼓励孩子在遇到麻烦时，要“把烦恼告诉朋友”。

科学告诉我们的事

尽管道德勇气是可以培养的，有些因素（如责任分散效应）还是会影响孩子们的“助人肌肉”。发现旁观者效应的心理学家达利分享了他的乐观想法：“若是拥有适当的工具，也有正面响应危机的准备，大多数人都能超越旁观者的角色。”这个充满希望的观点也同样适用于孩子。

如何培养孩子的道德勇气

凯莉·琳恩丝（Kelly Lyons）跟她5岁的大儿子洛基在访友之后开车回家。琳恩丝开着车行驶在亚拉巴马州蜿蜒崎岖的双车道上，洛基则呼呼大睡。突然间，他们的卡车撞到一个大洞，车子翻覆，并且滚下6米深的山谷。洛基奇迹般地毫发无伤，但是琳恩丝却被压到门下，身受重伤，动弹不得。

琳恩丝怕卡车可能会爆炸，为了安全起见，她要儿子赶紧离开。洛基遵照妈妈的嘱咐，开始往上爬，但是到了中途，他停下脚步返回去帮助妈妈。他的妈妈快要失去意识，这年幼的孩子不知打哪儿来的力气，把妈妈从压扁的车子里拖出来，并且帮助她慢慢爬上陡坡。琳恩丝痛得无以复加，很想放弃，但是洛基很坚定，一直不肯离开妈妈身边。

为了鼓励妈妈不放弃，洛基提醒她，“你要想想那辆爬上高山的小火车。”这是洛基最爱的故事书：《小火车头做到了》（*The Little Engine that Could*）。他一直反复用他自己改编自书里的话来鼓励妈妈：“你知道你可以！你知道你可以！”一路上他一直鼓励妈妈，直到他们终于爬上45度的陡坡为止。

当他们终于爬到顶端，洛基拦下一辆车，请司机开车送他们去医院。医生说琳恩丝的伤势严重程度是他前所未见的，他说是那孩子的拼尽全力救了她一命。洛基的勇气成了全国性新闻，但是这个幼儿园娃儿却坚持说他没做什么特别的事。“我只是做了任何人都会做的事。”

帮助孩子找到内在英雄

不是每个孩子在这样艰难的处境下，都能这般勇敢与自信，然而科学强调，洛基的英雄举止可以被教出来。以下有 5 种方式，可以加强孩子的道德勇气。

1. 期许孩子有社会责任。露西的父亲告诉露西，他期许她有关怀他人的能力。洛基的爸爸告诉他，当爸爸不在时，他“要照顾妈妈”。如果孩子相信他的爸妈及朋友都期许他能支持有需要的人，孩子帮助他人的可能性就会更高。许多大屠杀救援者[①]都提到，他们的父母期许他们能够关怀他人，这种责任感是在童年时就种下的。

2. 以身作则。让你的孩子看到你为自己的信念挺身而出，走出舒适圈，去面对恐惧。当孩子看到你见义勇为，他们就更有可能也采取类似的行为。

3. 提供英雄典范。孩子需要英雄启发他们的勇气，所以找到一个能让你的孩子佩服的英雄。你可以在真实生活中找到英雄典范，如甘地、特蕾莎修女、林肯、曼德拉，或者找虚构人物，如小魔女玛蒂尔达（Matilda），《顽童历险记》（*Adventures of Huckleberry Finn*）中的哈克（Huck），《绿野仙踪》（*The Wizard of Oz*）的桃乐丝（Dorothy），哈利·波特，《小火车头做到了》里头的小火车，或是《蝙蝠侠》（*Batman*）漫画中的哈莉姑妈及隔壁的好孩子。

---

① 大屠杀救援者，在纳粹屠杀犹太人期间，冒性命危险对犹太人出手相救的非犹太人。

4. 停止拯救孩子。帮孩子解决问题，只会让他更加依赖别人拯救他。如果你“过度帮忙”，你就没有让孩子有信心掌握自己的人生。他（不是你）告诉教练，他没办法去练球；他（不用你帮忙）向同学致歉；她（不是你）告诉外婆，她没办法在外婆家过夜。唯有孩子相信自己是有能力的，并且有机会证明自己的能力，才有可能拥有道德能力。

5. 勇气是累积出来的。面对任何恐惧，都需要勇气，所以不管恐惧大小，都鼓励你家孩子去面对。克丽丝塔·霍芙曼（Krista Hoffmann）在 3 岁大的女儿要走过一条小桥时，她没有把女儿抱起来，而是鼓励她找到勇气，自己走过去。“克拉拉，勇敢一点，”克丽丝塔说，“你做得到的。”克拉拉一直对自己说：“克拉拉，勇敢一点！”当她过桥之后，她学到了一课：“妈咪，我很勇敢！我好勇敢！”孩子可以在实践中慢慢学到勇敢。

培育同理心的利器：如何为他人挺身而出？

要停止同龄人暴力，最乐观的希望是通过孩子发挥道德勇气，为他人挺身而出。孩子的介入可以让霸凌减少一半，并且在 10 秒内见效。但是孩子必须学习如何阻止霸凌，或得到协助。以下有 7 项挺身而出的策略，这些年来，我教会过成百上千位孩子，也跟思诺在“日界线”的特别单元“教养须知”中播出过。一次学习一项策略，直到孩子养成习惯，能为他人挺身而出为止。缩写词 STANDUP 可代表以下 7 项策略。

S = 寻求协助（Seek support）。寻找另一个旁观者，尝试与他联手帮忙，孩子可以说："这么做很低级！""他不应该这么做！"或者请他提供支持："你要跟我一起吗？""来嘛，我们一起帮忙！"

T = 告诉信任的大人（Tell a trusted adult）。教孩子"报告"跟"讲闲话"的差别，前者能防止某人受到伤害，后者则是会让人惹上麻烦。"如果会有人受到伤害，去找大人或者打 110 请求协助。"

A = 协助受害者（Assist the victim）。如果其他人看到你出手相助，他们就有可能加入你。你可以靠近受害者，询问对方："你需要帮助吗？"同理他的感受："我知道你的感觉。"提供协助："我可以带你去办公室。""我们一起离开这里。"你也可以在事后支持受害者。"他对你做的事很过分。""你不应该受到这种待遇。"

N = 以正面态度粉碎谣言（Negate with a positive view）。挺身而出的人可以停止谣言，或者以正面的态度反击伤人的话："她是我班上同学，我看到的是……""我那时候在场，我不知道有这种事。""我认识她好一阵子，我知道的情形不一样。"

D = 想出脱困之计（Design a detour）。挺身而出者可以通过减少围观者或试图让其他人离开，削弱霸凌者的权力。"你要一起走吗？""你们在这里做什么？""我们走吧！"如果你无法让别人离开，就自己转身离开。如果你留下来，只会火上加油。

U = 转移注意力（Use a distraction）。找到方式转移注意力，可以驱散人群，让受害者逃开，让霸凌者离去。有几种声东击西、挺身而出的方式，例如问："你知不知道你会被停学？"分心法："你怎么没去打排球？"制造假警报："老师来了！"打断法："你昨晚看了篮球赛吗？"

P＝退一步再想想（Pause and rethink）。挺身而出者的建议可以让旁观者退一步想想后果，如果孩子们知道为什么这么做是错的，通常他们比较可能插手介入。"大家冷静一下。""你会被停学。""他会受伤。""如果他们这样说你，你会有什么感受？"

如何协助孩子在紧要关头控制局面，发挥道德勇气

我最有收获的一段经验，是为美国陆军培训心理咨询师，以帮助军人家庭的子女面对父母出任务时的适应问题。那时候，有好几位将领跟我分享美国海军海豹突击队的最新训练，这是美国军力中的精锐部队。他们的最新训练是由神经科学家所设计的，能够改变海豹突击队在面对恐惧时的大脑反应，让他们在一片混乱中仍能保持冷静。

这四项做法相当简单，我发现也可以运用在孩子身上，所以后来我把这些做法纳入咨询师的训练当中。这些工具会增强孩子的韧性，帮助孩子在紧要关头发挥道德勇气，敞开原本会因恐惧而关闭的同理心。这些方法也能减少同理心断层，让孩子更能同理他人，采取行动、出手援助，或者为他人发声。

技巧 1. 正向的自我对话

在海豹突击队的训练中，以正向的自我对话超越大脑的恐惧反应，所以帮助孩子找到能让他保持冷静、培养道德勇气的一句话。例如孩子可以对自

己说：“我很冷静，可以掌控局面。”“我很好，我很勇敢。”“我办得到。”甚至可以用洛基救了妈妈一命的话：“我知道我可以。”然后，让这句话简单到孩子可以脱口而出。可以帮小小孩把这句话做成标语挂起来，或者装在相框里放在孩子的床边。青少年可以把这句话贴在镜子上，或者下载做成屏幕保护程序。

技巧 2. 心智复演（mental rehearsal）

心智复演（或“观想”）是反复在心里复习一项活动，等真正要进行这项活动时，你身体的压力反应就会比较小。奥运游泳金牌得主迈克尔·菲尔普斯（Michael Phelps）会观想游泳比赛中每一个可能的情节，因此当他出赛北京奥运会，护目镜破掉，池水不断涌进来时，他并没有惊慌失措。他曾无数次反复观想自己的手要划多少次，才能触及游泳池壁，因此他赢得了又一面金牌。“我会观想表现最差的比赛、情况最差的时候，”菲尔普斯说，“我这么做，是为了让自己对可能的意外做好准备……你必须要有计划。”

帮助孩子制订计划，减少他的担忧。比如避免搭错公交车这件事情，可以协助孩子经常在心里观想：“我醒过来，吃过早餐，走路去巴士站，我把要搭的公交车号码写在手上，那就是我要搭的车子。”

技巧 3. 化整为零

人在有压力的状况下，情绪会进入恐慌模式，思考会变得相当困难。海豹突击队接受的教导是，把目标切得非常细小，当他们处于有压力的情况下，他们可以专注在下一步，然后再一步，把平静带入混乱中。但是他们必须乐观地观想眼前的状况。

假设你家小孩担忧自己无法撑过棒球赛，他可以设定目标，先让自己上一垒，成功之后，再想怎么上二垒……然后是三垒。如果你的儿子担心上学第一天会很糟糕，他可以先观想撑到一节课的下课时间，然后是午餐，最后是回家。

技巧 4. 深呼吸

降低压力最快的方法是深呼吸，因为深呼吸能把氧气带到你的大脑，立刻让你放松。所以教孩子一感到压力，就吸气数到 2，屏住气数到 3，吐气数到 4，然后再重新开始吸气（可称为“呼吸 234”）。对幼儿，可以教他们“神龙呼吸法”——“深深吸一口气，然后把担忧吐出来，这些担忧会被吹得很远很远，就像神龙在吐气。”陪孩子一起看动画《彼得的龙》（*Pete's Dragon*）时，便可复习这个方法。

适用于不同年龄层的方法

要找到通往道德勇气的途径，就从同理心开始。两名男孩因“感同身受”而传送无声的支持信息给受到霸凌的同学，当时他们并不知道这么做会惊动世界。

加拿大新斯科舍省中央国王乡村高中（Central Kings Rural High School）开学日，有名九年级学生穿粉红色 Polo 衫去上学。一群十二年级的男孩无情地霸凌他，叫他“娘娘腔”，他们教训他，要他清清楚楚知道，要是再穿粉红色衣服来上学，“一定会遗憾终身”。

当十二年级学生特拉维斯·普莱斯（Travis Price）及大卫·薛波（David Shepherd）听到事发经过时，他们非常气愤，决定要采取行动。他们自己掏腰包，到折扣商店买了75件粉红色女性坦克背心，还有每一件他们能买到的粉红色上衣。然后他们在社交媒体上，鼓励同学们隔天穿粉红色衣服支持那个被霸凌的孩子。他们的计划并非直接对抗霸凌者，而是让霸凌者知道其他人并不赞成那种举动，他们将形成一片“粉红人海”。

普莱斯跟爸妈分享这个计划，他们支持他的做法，但是他们坚持要先告知学校。普莱斯打了电话，校方警告他，如果爆发肢体冲突，他就会受到处分。这让他们陷入道德危机的困境。

“我知道被霸凌的感觉是什么，也了解不想上学的感受。我想让那个孩子知道他并不孤单。”普莱斯告诉我，“我们是有选择的，选择为他挺身而出，无论后果如何。”

同理心跟道德勇气赢了，普莱斯及薛波开始进行他们的“粉红人海”运动。

两位男孩并不知道全校约1000名学生有多少人会加入他们，但是隔天当那位受到霸凌的13岁男孩走进学校时，有好几百名同学都穿着粉红色衣服，有的还从头到脚都是粉红色。大家心照不宣：每个人都知道，这一片粉红色表示大家团结起来支持他。霸凌行为停止了。

他们的粉红运动没有被忽视。全国性的新闻媒体报道这个故事后，粉红行动立刻红遍全国。世界各地的孩子都想穿着粉红色衣服，站出来对抗同龄人暴力。粉红色上衣因此变成国际性的反霸凌象征，每一年都有超过12个国家的600多万人身穿粉红色服饰，响应粉红T恤日。这一切都是始于两位男孩的同理心与道德勇气，他们想伸出援手，帮助陷入麻烦的同学。

以下有些方法，可以帮助孩子发挥道德勇气，为彼此挺身而出。

- **制作勇气链。**位于加拿大阿尔伯塔省的圣多米尼克小学（St. Dominic's Elementary School）每个月都会教导一个勇气主题。老师会读伯纳德·韦伯（Bernard Waber）所著的《勇气》（*Courage*），威廉·史塔克（William Steig）写的《勇敢的艾琳》（*Brave Irene*），杰瑞·史宾尼利（Jerry Spinelli）的《小杀手》（*Wringer*），孩子会学勇气肯定句“我愿意尝试新鲜事物”“我会倾听自己的心声”“我有勇气做对的事”。老师也会鼓励孩子每天做出一件勇敢的事迹，例如向新朋友自我介绍、跟新同学一起玩耍、为他人挺身而出。每成功做到一件勇敢的事，就写在纸条上，用订书机钉起来，连成一条勇气链。我看到走廊上缠着勇气链，许多学生骄傲地分享自己的事迹。请帮助你的孩子了解勇气的意义，找到他们的内在英雄。（幼儿、学龄儿童适用。）

- **运用你的心（HEART）。**在看到其他人被不公平对待之后，许多孩子变得很难过，同理心断层加大，“过度同情”成了他们的挑战。他们如果没有伸出援手，会因罪恶感而苦恼，或是关闭同理心，以调适或减低自己的痛苦。所以，请告诉孩子："让朋友知道你的关心，永远不嫌迟。"协助他们找到方法安慰在场的人，或是随后再付出关怀。（所有年龄层都适用。）

H =帮助 （Help）。去拿急救箱、打电话找人帮忙、捡起破碎物。

E =同理他人（Empathize）。“他也对我做过同样的事，我很害怕。”“我知道你的感觉。”

A = 支持（Assist）。“你需要帮忙吗？”“我会去找老师。”“我陪你走到办公室。”

R = 让对方放心（Reassure）。“别人也发生过这种事。”“我还是你的朋友。”“老师会帮忙。”

T = 说出自己的感受（Tell how you feel）。“你不应该受到这样的对待。”“我很难过。”“我知道那不是真的。”

• **破除“超人神话”。**许多孩子以为他们必须长得像“绿巨人浩克”那样，才会是个勇敢的人。告诉孩子,有人生性害羞,身材不起眼,同样能够改变世界。破除孩子的迷思。(所有年龄层都适用。)

▲ 皮·卫·里斯（Pee Wee Reese）：杰基·罗宾森（Jackie Robinson）是美国职棒大联盟的第一位黑人棒球选手，他因为肤色受到刁难。在某场球赛时，他的队友里斯走过来，伸出手臂搂住罗宾森的肩膀，不发一语，就传达出他的勇气与慈悲，并因此堵住悠悠之口。“他一句话也没有说，”罗宾森说，“他只是望向那些对我大吼大叫的人，瞪着他们。”你可以念彼得·高伦伯克（Peter Golenbock）的《队友》（*Teammates*）这本书给孩子听，让孩子感受改变棒球史那动人心弦的一刻。

▲ 圣雄甘地（Mahatma Gandhi）：这位非暴力不合作运动的领袖，小时候害羞到不行，“没办法跟人讲上一句话”，他每天下课后就跑回家。

▲ 罗莎·帕克斯（Rosa Parks）：这位非裔美国人的人权分子拒绝让位给白人，人们对她的描述是“说话轻柔，拘谨害羞”。

▲ 萨利机长（Chesley Burnett “Sully” Sullenberger）：这位机长让失去动

力的全美航空飞机安全降落，他认为自己很内向，待在机舱里比跟人相处更加自在。

• **教孩子注意安全的S.O.S.。**著有《路西法效应》（*The Lucifer Effect*）的津巴多认为勇敢的人会看出苗头不对，知道有人遇上麻烦——或者快要惹上麻烦了，而这种习惯是可以训练的。津巴多提供了“英雄”课程，以帮助孩子学习情境认知，在遇到暴力的时候能提升勇气。以下有三项注意安全的技巧，可以帮助孩子警觉到危险，判断是否可以安全介入，或是聪明一点，去寻求协助。（学龄儿童、青少年适用。）

S＝安全第一（Safety first）。“有人会受伤吗？我需要去找大人吗？”如果风险太高，或者有人会受伤，赶紧找帮手！安全永远好过遗憾。

O＝评估选择（Assess Options）。“我有能力、选择及资源，可以处理这件事吗？”一定要把事情好好想过一遍，做出对你及对眼前状况最好的选择。

S＝相信自己的感觉（Use your Sense detector）。“我的直觉是什么？”听从你内心深处觉得对的感受，还有你当下的直觉。通常你的直觉都是对的。

• **成立读书会。**华盛顿一所中学校长担心女学生变得刻薄、残忍，就成立了读书会。校长跟高年级的女生每周聚会，阅读瑞秋·西蒙（Rachel Simmons）的《怪女孩出列》（*Odd Girl Out*），并且跟她们讨论：“你对霸凌的想法是什么？”“你有被霸凌的经验吗？”“如果你被人霸凌，你希望朋友怎么做？”当那些女孩从这些对话中明白，有同学正在对抗霸凌，也希望她们的朋友能伸出援手，情况产生了改变。(所有年龄层都适用。)

- **举办电影欣赏会。**两位住在迈阿密的妈妈担心孩子们以为对别人残忍很酷，所以她们举办了亲子电影欣赏会。每个月有一个周末，父母跟孩子会一起看电影，包括《贱女孩》(*Mean Girls*)、《舞动人生》(*Billy Elliot*)、《霸凌》(*Bully*)及《网络暴力》(*Cyberbully*)，结束之后，父母会与孩子讨论如何彼此相助。这些谈话有助于改变社交状况，孩子会觉得，当个好人才酷。(所有年龄层都适用。)

- **阅读关于挺身而出的故事！**幼儿可以看海伦・莱斯特(Helen Lester)的《给瓦特鼓掌》(*Hooway for Wodney Wat*)，贝基・瑞・麦肯(Becky Ray McCain)的《没人知道怎么办》(*Nobody Knew What to Do*)，玛丽亚・迪斯蒙帝(Maria Dismondy)及鲍勃・宋森(Bob Sornson)的《果汁盒霸凌事件》(*The Juice Box Bully*)。大一点的孩子可以读特蕾莎・贝特曼(Teresa Bateman)的《反霸凌者俱乐部》(*The Bully Blockers Club*)，佩吉・摩丝(Peggy Moss)的《说点什么吧》(*Say Something*)，洛伊丝・劳里(Lois Lowry)的《数星星》(*Number the Stars*)。青少年可以读詹姆斯・普雷勒(James Preller)的《旁观者》(*Bystander*)，特伦特・昂・格斯(Trent Angers)的《美莱村被遗忘的英雄：休・汤普森的故事》(*The Forgotten Hero of My Lai: The Hugh Thompson Story*)，帕蒂・凯利・克莉丝威尔(Patti Kelley Criswell)的《为人为己挺身而出》(*Stand Up for Yourself and Your Friends*)等。(所有年龄层都适用。)

- **创立家庭勇气仪式。**一位家中有三个学习障碍孩子的父亲，知道他的儿子们将会面对困难，希望能帮助他们发现勇气。所以他读了比尔·马丁（Bill Martin Jr.）的《结绳记事》（*Knots on a Counting Rope*）给孩子听。这是关于一个盲眼男孩的故事，男孩遭遇无数困难，却能找到力量，穿越重重障碍。他给了每个儿子一条短绳，并告诉他们："你会经历考验，但勇气会让你锲而不舍。每当你攀越黑山，就在绳上打一个勇气结。"他教儿子要勇敢，"一步一个脚印"，帮助他们面对人生。创立你们家的家族勇气仪式，带给孩子力量，面对挫折。（所有年龄层都适用。）

关于培养道德勇气的五大须知

1. 孩子会从正确的教养风格、经验及训练中，发现自己的内在英雄行为。
2. 以身作则，鼓励、期待和承认孩子的道德勇气，有助于灌输道德勇气。
3. 挺身而出者是不期待任何回报、无私助人的人。
4. 孩子的气质与身体的力气、道德勇气无关：几乎每一个孩子都能接受教导，学会挺身而出，为他人发声。
5. 在孩子的每个成长阶段，都需培育道德勇气的种子。

最后的叮咛

关于勇气，《我家买了动物园》（*We Bought a Zoo*）有个场景尤其感人：少年向父亲承认，他疯狂地爱上一个女孩，但他没有勇气告诉她，他们的关系一直没有进展。他父亲的忠告是无价之宝："你知道，有时候你需要的只是20秒非理性的勇气——真的只有20秒，会令人尴尬，却很勇敢，我向你保证，你会有很大的收获。"有时候，孩子只需要轻轻一推，就能发现自己的内在勇气。我们的工作是帮助孩子发现自己能有"20秒的安全勇气"，这样，当他们的同理心跟道德认同敦促他们必须介入霸凌、伸出援手时，他们就能去做对的事。

9

有同理心的孩子想有所作为

·养出变革者与利他领导者·

在寒冷的12月晚上，11岁大的崔佛·法瑞（Trevor Ferrell）看到电视新闻报道费城街上有人在与低温抗争，陷入生死存亡之际。他住在郊区，家里有5个房间，他无法相信有人睡在街上。学校里的老师说，贫穷发生在像印度这样的国家，而不是美国，所以他请求爸妈开车载他到市中心，让他亲眼去看新闻报道里的街道。

珍娜（Janet）及法兰克·法瑞（Frank Ferrell）意识到，如果他们希望自己的孩子懂得关心他人，就不能不载他去。崔佛抓起自己的专属枕头及一件黄色毯子，与爸妈一起开了6公里路到费城市中心。这个男孩瞧见一位流浪汉在人行道上蜷成一团，他不敢相信这位流浪汉就躺在下水道的栅格上。他跟爸爸下了车，向那位流浪汉走去，在他身边蹲了下来。

“先生,这里有条毯子。”崔佛说,并把毯子连同枕头一起递给那名流浪汉。

那名男子不敢置信地看着他们，他的脸亮了起来，露出崔佛见过最灿烂的笑容，然后说：“谢谢你们。”

“当我们开车离开时，我回头看，他看起来舒服多了，”崔佛回忆，“这件事让我感到好开心，我觉得自己好像完成了什么。”

这个六年级的孩子体验到同理心的重大突破:一种罕见、自发的“提升”，即使只有很短暂的瞬间，“两颗心连在一起”，彼此感同身受。科学证实，这是减少同理心断层、启动同理心、增加兼具慈悲及勇气之行动的关键因素。隔天，崔佛又拜托爸妈带他去市中心。这一回，他又带了两条毛毯，并发现更多人需要食物与温暖。这正是同理心!

隔天晚上，崔佛跟他爸爸再次开车到市中心，带着他妈妈的旧外套及家里多出的所有毯子，还分送亲手做的花生酱三明治给每个需要的人。

“人们并不完全像外表所见，”他说，“他们看起来可能坏坏的，但等你走近他们，会发现他们其实很好、很友善。”

当别的六年级孩子在做功课、看电视时，崔佛的生活发生了巨大的变化，他对流浪汉的看法也截然不同了：他们的外表跟生活方式或许不一样，却跟自己有同样的感受与需求。

他们拜访街友的行程依然持续着，崔佛在镇上散发传单，募集更多毯子及衣服。捐赠的物资慢慢涌进来，义工也参与协助。这个小男孩发起的运动停不下来。“能做多久，我就会做多久，”他说，“这真的很简单，任何人都做得来。”崔佛变成一个变革者：他看见社会问题，并投身其中，创造出解决方法。就像许多变革者那般，他开始影响其他人也伸出援手。

两年后，以13岁的男孩带领的有250人的运营组织，把食物及毯子送给流浪汉。里根总统在国情咨文中把他介绍给广大人民，他说像崔佛这样的人“是我们心中的英雄，是兄弟之爱的化身”。

崔佛的运动为费城的流浪汉提供超过300万份餐点，而这一切皆始于一个11岁男孩，当时他恰巧听闻一件超乎他想象的事：有人挨饿受冻，睡在街上，而他必须立即行动，提供援助。

学习有所作为

当崔佛递出枕头，在那位男士的脸上看到充满感激的神情，那一瞬间是改变那男孩一生的“转变时刻”：两个不相识的人心连心。同理心往往是这种时刻的关键本质，同理心也会因人与人之间的深刻联结而启动。这种经验从不在预期之内，而且通常很短暂，但是这种经验会深深触动人心。不管那感觉像是内心的轻轻抽动，还是深受震撼，这样的事件都使得那孩子从新的角度来看世界。我称此为“同理心突破”：把心打开，对某个人（或某群人）有崭新的了解，以往那是“他人”跟“我”的差别，现在成了“我们”：他（她、他们）可能是流浪汉（穷人，不同的种族、宗教、文化、性别、年龄与能力），但他（她、他们）跟我一样需要安慰与支持。

这种崭新的认识帮助孩子看到有人受了伤，需要安慰；有人受到了不公平的待遇，需要帮助。这种感觉能引发孩子的同理心去做出改善、测试底线、面对挑战，直到改正错误。这些孩子成为变革者，让世界变得更好。通常，这些孩子的心是无意间被触动，然后有在乎他们的大人提供协助，支持他们去关心别人，但是，他们渴望有所作为的想法，都是始于同理心。

所谓的变革者是看到问题时不会退缩，反而迎向前去，做出改变。以下列出几位实践利他行为的孩子，他们让这世界变得更好。

迪兰·西格尔（Dylan Siegel），6 岁，当他最要好的朋友乔纳·普纳查瑞安（Jonah Pournazarian）被诊断出患有无法治愈的肝病时，他知道自己必须伸出援手，因此他写出《巧克力棒》（*Chocolate Bar*）一书。这本书募到了超过 100 万美元，因而研发出新的基因疗法。

当 9 岁的瑞秋·惠勒（Rachel Wheeler）知道海地的孩子因为贫穷，只能吃泥巴饼干、住纸板屋时，她发誓自己要有所作为。"你不能只是坐在那边想，"瑞秋说，"你必须站出来，采取行动。"她开始经营烘焙销售，贩卖自制的隔热垫，并且向人募款。三年内，她募到的款项就超过 25 万美元，足以在海地的某个小区盖出 27 间两房的水泥屋，现在这里就叫"瑞秋村"。

当亚什·库帕塔（Yash Gupta）打破眼镜，什么都看不到时，他不禁想到有好几百万孩子连眼镜都买不起。因此，这个 14 岁大的孩子发起"视觉学习运动"（Sight Learning），开始向验光师募集二手眼镜。他捐了超过 9500 副眼镜给海地、洪都拉斯、印度及墨西哥的孩子。"孩子们充满热情，可以有所贡献，"库帕塔说，"问题只在于找出你关心的事，然后全心投入。"

利他的孩子就是最能跳脱自我主义的孩子：他们能感受到别人的痛苦，看到社会问题，并且因此而行动起来去找到帮助他人的方法。他们这么做不是为了受人称赞、赢得奖杯、获得奖励，或是在申请大学时“看起来很棒”，而是因为他们内在有一股热情驱使他们这么做。这就是同理心的力量！

事实证明，当孩子强化“助人肌肉”，他们的生理与心理也因此更加健康。给予（而不是付出）会让孩子更快乐、更健康、压力更小，并且更有自信。一项长达 50 年、针对 10000 名威斯康星州青少年所做的研究发现，定期做义工并认为“利他主义”很重要的青少年有较长的寿命。加拿大不列颠哥伦比亚大学的研究人员发现，不到 2 岁的学步儿都觉得施比受更快乐。而且，灌输孩子助人习惯，还有附加好处：能提升孩子在不公平的状况下使用同理心肌肉的概率，以填补同理心断层。

每一个孩子都有潜力成为变革者，只要我们给孩子提供正确的经验与有效的教养策略。最后一章就是关于我们如何让下个世代的孩子懂得关怀他人，成为利他领导者，以建立一个更具有同理心的世界。我们可以让孩子具备该有的技巧，以对世界做出贡献，无论贡献是大是小，因为在他们内心深处，他们知道这是对的作为。要让这世界更有人性，孩子是我们最美好的希望，而这一切都始于让孩子具有同理心。

帮助孩子成为变革者为何如此困难？

孩子天性善良，而文化与教养能助长或阻碍他们成为利他领导者及变革者的潜能。以下列出的三项阻碍会限制孩子的同理心天性，以及他们成为利他领导者的可能。

追求名声的“英雄”

今日的孩子崇拜名人、热衷名声，但是这样的价值观会危害孩子的同理心潜能。毕竟，大多数名人都在炫耀他们的地位、名声及他们的品牌，这种只看重“我”而不是“我们”的价值观会使孩子更加以自我为中心，减少孩子对他人的关心。

2007 年美国加州大学洛杉矶分校的一项研究首度提到孩子有“我想成名”的风潮，在 16 项价值观的清单中，“我想成名”的渴望排名几乎垫底。也是在这段时间，年轻人开始越来越自恋，同理心也越来越少。

20 年前，孩子说他们希望将来能在助人行业工作，例如老师、消防员或医生。今日，十来岁的孩子前三大职业选择是“体育明星、流行歌手或演员。”毫不意外，在流行的电视节目上，青少年说他们最看重的价值是“名气”。错误的典范会扭曲孩子的价值判断，如今“名气”对孩子来说远远比“慈悲、正直及品格”重要得多。事实上，60% 的大学生甚至承认名人影响他们的信念、态度及个人价值。

津巴多创立了“英雄想象计划”(Heroic Imagination Project)，提出了今日的教养挑战：“当今文化的问题之一，在于我们以名人取代了英雄。我们崇拜什么也没有做的人。是时候回归根本，因为我们比以往任何时候都更加需要真正的英雄。”我们的孩子若要成为变革者，他们需要无私、有同情心的领导者作为典范，好向这样的人看齐。

物质主义的世界

我们的孩子渴望成名，他们所成长的时代也是一个看重自我的社会，重视物质、外表及消费，而不在乎慈悲心、博爱与慷慨。过分强调“我”的长相、“我”贩卖的品牌、“我”拥有的物品，那些唯物的价值观的确影响了孩子。如今，81% 的年轻人把“致富”当成他们数一数二重要的人生目标，这给培养同理心带来了一个新的挑战。

当然，我们并不希望孩子贫穷，科学发现小孩在较不看重物质的环境中成长，所具有的优势令人意外。研究显示，我们拥有越多金钱，就越不在意他人的感受，也愈加自我中心。财富确实减少了我们对他人的慈悲心。事实上，比起高社会经济地位的人，低社会经济地位的人们更愿意助人，也更加慷慨大方。为什么呢？当你所在的环境比较脆弱，你会寻求他人的协助来解决问题；而当我们所拥有的金钱或物品越多时，就越不需要他人，而会依靠自己。

关注他人，会强化我们的同理心肌肉及社会联结。在物质化的世界里，孩子通常不关心其他人的感受与需求，而在乎别人拥有的物品、衣服及外表。所以，那些得以建立品格的内在品质，例如感恩、博爱与慈悲心，在他们的人生选择顺位中便屈居下位。

然而，我们给予孩子的那些物质，真的会让孩子更快乐吗？科学研究的结果一边倒地说：“不会！”科学发现，不快乐的孩子其实活得更加物质化。什么都有的人，不仅较不快乐，还更加焦虑。事实上，让孩子懂得付出要比把钱都花在他们身上，更让他们感到快乐，孩子将来再次付出的可能性也会提升。下一回孩子向你讨什么东西时，我建议把你的钱包拿开，鼓励孩子为他人做件善事。刚开始，这个计划可能会行不通，只要你坚持下去，孩子就会明白“你的本质要比你拥有什么更加重要”。

“过度帮忙”的教养风格

一项针对美国大学生的调查发现，由“虎爸虎妈”所引起的这阵风潮令人不安。尽管“虎爸虎妈”的小孩拥有优秀的履历及成绩，但有太多大学生因为内在力量过于虚弱，而影响到他们的心理健康、自信及同理他人的能力。

- 拥有直升机父母的大学新生，对于新观念与新做法较不开放，并且比“有责任心且没有被父母时刻监控的孩子”更常焦虑。
- 侵入式教养会导致问题的发展，因为“它会限制孩子的锻炼机会，阻碍孩子发展出重要的所需技能，以成为自立自强的成人”。
- 有“过度监督”或“直升机型”父母的学生，在心理健康的评量上得分较低，并更可能因焦虑或抑郁而服药（在一项调查中，有 95% 的大学心理咨询中心负责人提到，有显著心理问题的学生人数不断增加，并可能成为校园问题）。

父母为了孩子忙个不停（总是在帮他们做事、出面拯救），让孩子很难学到重要的技能，像是适应环境、制定决策、解决问题，以及做出变革所需的同理心。这些“作为”也向孩子传达令他困扰的信息：“我之所以做这些，是因为你自己做不来。”我们无微不至的作为无法增加孩子的自信，反而会降低他们的自尊水平与道德勇气，让他们不会在人们有需要时挺身而出。过度保护的教养方式，对于养出有同理心的领导者也是一场灾难。

过度保护孩子也会减少他们练习处理压力与逆境的机会。事实上，要同理他人并不容易——感受到别人的痛苦与难过，是很不舒服的。缺乏信心与适应能力，会让孩子关闭同理心，不会去安慰别人。这是为什么我们必须放手，让孩子可以大步向前，以对这世界做出自己的贡献。

如何做才能对抗中毒的文化？

尽管现在的文化重视物质、追求名气，“父母像直升机般盘旋不去”，我们还是能养出具有同理心的领导者，但这必须从由内而外教养孩子开始。一个具有同理心的孩子知道，“我的本质比我的外表，以及我拥有什么更加重要。而且，我关心别人。”这些信念能养成未来的变革者；未来的变革者，父母在他们的童年会尊重他们，并刻意灌输给他们不以自我为中心的信息。

科学事实：如何培养变革者

许多年来，主流观点一向认为宝宝的心智能力就像是一块“空白的小白板”。但是，关于婴儿的科学研究曙光乍露，原来婴儿还有很多我们意想不到的事。耶鲁大学的婴儿认知中心在卡伦·温恩（Karen Wynn）的带领下，进行了一些研究。温恩为宝宝极为短暂的注意力设计了一些特别的玩偶秀。研究结果颠覆了我们对婴儿能力的了解：婴儿显然偏爱善心的“好家伙”。

在第一个玩偶秀中，宝宝观看一个粘着两只眼睛的红色木块试图爬上一道陡坡，爬了两次都跌下来（想象《小火车头做到了》的故事，在 18 秒内，用 3 个几何木头色块代替火车头演出），在第三次爬坡时，“爬坡者”，不是有个“帮助者”把它推上去，就是有个“阻碍者”把它推下来。然后，实验者会用托盘，把分别代表“帮助者”及“阻碍者”的木头色块端到婴儿面前，几乎每一个 6~10 个月大的婴儿都伸手拿了“帮助者”。很明显，婴儿喜欢好人！

在下一个实验中，婴儿看着三只毛茸茸的玩偶出现在舞台上。其中一只玩偶试图打开一个盒子，然后“好”玩偶来拯救他，帮助他打开盒子。

接着是同样的场景，只不过这一回，出现了不一样的玩偶把盒子盖起来。所以，婴儿比较喜欢“善心的”玩偶还是“心地不好的”玩偶呢？为了知道结果，实验助理为婴儿送上“调皮的”玩偶及“好心的”玩偶。这次还是一样，有超过 3/4 的婴儿毫不犹豫：他们选了好心帮忙的玩偶，并且表现出对“坏家伙”的嫌弃。他们的选择建立在玩偶如何对待他人！虽然婴儿还不会爬、不会讲话或走路，而且还包着尿布，但他们已经表现出对“好撒玛利亚人”（详见第 215 页）的喜爱。

到两岁时，学步儿会试图让别人感觉良好，甚至会表现出好心肠，想帮助陌生人完成困难的任务。研究者费利克斯·沃内肯（Felix Warneken）及迈克尔·托马塞洛（Michael Tomasello）让成人在实验中表现出需要帮助的样子，然后观察 18 个月大的孩子会如何反应（如成人在晒衣绳上晾毛巾，“不小心”掉了一个衣夹）。如果实验者的脸部表情及身体姿势看起来像是需要协助，学步儿会出手帮忙——尽管研究者并没有明确地向他们求助。孩子光是看到实验者需要帮助，就想伸出援手。

“好撒玛利亚人”去了哪里？

学步儿会安慰人、帮助人，做出友善的行为，这种助人行为出现的年龄小得令人吃惊。他们并未期待获得好报，甚至也没想要父母跟他们击掌，给他们鼓励！但是，到了5岁，孩子关心别人的天性便逐渐衰落：有报告显示，只有20%的幼儿园小孩会在有恶意、类似霸凌的行为出现时帮助他人。

青少年甚至没把“帮助他人”放在眼里。哈佛大学“推己及人”计划曾调查过数千名青少年，结果发现绝大多数青少年都把“个人成功（成就及快乐）置于关心他人之上”。如果我们期望培养出具备同理心、有正义感的领导者，那么这些发现真是令人沮丧。

所以，那短短3年间发生了什么事，让5岁的孩子开始不再偏爱“好人”呢？科学研究显示，尽管孩子具有“好撒玛利亚人”的天性，他们的“助人肌肉”也必须受到持续锻炼，否则该能力就会流失。我们把孩子“天生会助人”的特质视为理所当然，对于想培养懂得关心他人的孩子，这是一项损失。

如何培养孩子的变革者心态

你的孩子相信同理心是天生的，还是可以后天培养的技能？这个问题，你会怎么回答呢？这个问题的答案对于孩子能否成为变革者有令人意外的影响，因为他们的同理心心态是个重要因素，能决定他们是否会打开黯淡的同理心开关，是否会挺身而出、帮助他人。著有《人性光明面》（*The Brighter Side of Human Nature*）的作者科恩解释道：“鼓励孩子把自己视为慷慨的人（不是只在乎自己的利益，而是真正地利他）似乎是最可靠的方法，让孩子长此以往，在各种环境中都能更加关怀与帮助他人。”

心理学家卡罗尔·德韦克（Carol Dweck）、卡琳娜·舒曼（Karina Schumann）及贾米尔·扎基（Jamil Zaki）发现，相较于认为同理心是无法改善之固定特质的人来说，相信同理心能通过后天培养的人，会更努力去了解他人的感受，并分享情感。这些心理学家也发现，当人们知道同理心可以提升，便更可能去同理与自己不同种族的人。

我们倾向于去同理那些“跟我们很像”的人。改变你家孩子对同理心的想法，这样他就会认为人性的核心特质能加以改善，这可以帮助他对那些“跟我们不像”的人感同身受。这样的发现有助于减少霸凌、种族歧视与仇恨，并且可以塑造孩子，使他们成为具有慈悲心、利他的领导者，对世界有所贡献。

步骤 1. 让孩子对同理心有成长心态。告诉孩子：“同理心可以通过练习来提升，就像运动可以锻炼肌肉一般。像练习大提琴、打棒球或下棋那般练习行善。练习得越多，就越能够了解其他人的想法与感受。”

步骤 2. 强调努力是有用的。强调过程（“你真的在帮助他人，看你对奶奶做的好事让她多开心”），而不是强调结果（“你今天送出 50 条毛毯！”）。这细微的差别可以让同理心更加拓展。强调孩子的努力能增强孩子的同理心技巧：“你了解他人情绪的能力增强了，继续努力。”

步骤 3. 鼓励孩子多多练习。“孩子若认为自己是个利他的人，将来比较会帮助他人，”研究同理心的专家南茜·艾森伯格（Nancy Eisenberg）说，“因为人们通常希望自己的行为表现能与自我形象一致。”以下提供一些方法，让孩子将自己视为一个利他的人。

▲ 随时准备一个箱子，让孩子可以把二手玩具捐给庇护所。

▲ 鼓励孩子把一部分零用钱或压岁钱捐给慈善机构。

▲ 建议孩子的生日不收礼物（改把礼物捐给有需要的孩子）。

▲ 想出帮助他人的方法（帮爷爷遛狗或者帮助年长的邻居）。

▲ 持续提醒孩子：“练习同理心，才能更有同理心。”

步骤 4. 重述影响。欧文·斯托布（Ervin Staub）发现，被给予助人机会的孩子往往会给出更多帮助，尤其是有人指出他们的助人行为时。这会推动孩子的同理心成长，所以鼓励孩子回想他做义工的服务经验：“你帮那个人时，他做了什么？你觉得他有什么感觉？你的感觉如何呢？”并且提醒孩子，他们是友善的人，他们关怀他人的努力会对这世界产生美好影响。

培育同理心的利器：如何面对他人，表现出你的关怀

凯拉还不到 4 岁，但是这个住在圣地亚哥的幼儿园孩子已具有变革者之姿。当我在一个派对上踢到脚趾时，这个 3 岁孩子是第一个关心我的人。我看着她打量我的脚趾，小心谨慎地查看我的“伤势”，并付出她的同理心。

她脸上的表情从好奇转为关心，然后她抬起头，用那双灵透的大眼睛望着我说："你的脚趾头受伤了，你需要帮它贴创可贴吗？我可以帮忙。"

凯拉可能还口齿不清，但是她深具同理心。她的父母教她要关心别人，也教过她即使年纪小，她还是帮得上忙。孩子或许能看出别人的痛苦，但如果他们不知道能做什么，他们的同理心就可能会衰退。变革者不管年纪大小，都会看到阻碍，找出帮助别人的方法，而且他们的父母也教他们要关心别人。

教孩子学会以下这些步骤，如此孩子便能够面对（FACE）需要帮助的人，表现出关怀，填补同理心断层。

F ＝感受（Feelings）。解读他人的情绪。这个人看起来是否很不安、悲伤、生气、受挫？如果是，或许他会需要帮忙。如果不确定别人的情绪，可以问他们的感觉是什么："你很难过吗？""你看起来很不安。""你还好吗？"

A ＝分析（Analyze）。对方的问题是什么？什么事让那个人苦恼？分析情况："那个人受伤了吗？""我可以帮得上这个人的忙吗？"

C ＝关心（Care）。如果你觉得自己帮得上忙（而且对方看起来想要人帮忙），请伸出援手。"我可以做什么？""我能帮忙吗？""你需要创可贴吗？"如果那个人看起来需要独处，请尊重他。你可以在适当的时间再安慰对方。

E ＝同理对方（Empathize）。让对方知道你关心他。"节哀顺变。""希望你会越来越好。""我知道你的感觉。""如果你需要我，我会回来的。"

如何协助孩子成为变革者

1990年前后，亚曼达·裴林（Amanda Perlyn）听到老师的女儿因罹患癌症，濒临死亡，那时候她才一年级。亚曼达想帮忙，但是她知道光是烤饼干不够，所以这个孩子说服家人制作节日装饰物，帮助募款，来自佛罗里达州博卡拉顿的这家人因此爱上了帮助别人。

“我们总是关心教育与价值观，但是看到帮助别人对6岁女儿的影响，我们决定重新调整教养孩子的重点，”亚曼达的母亲玛丽莲告诉我，“我们决定让所有孩子在接下来的一整年里，都要把帮助别人当成优先事项。”

玛丽莲及唐恩这对父母跟三个孩子坐下来讨论他们可以付出的方式。每一个人都必须提出一个对他们来说重要的需求，而父母则会给予支持。从此之后，每一个孩子都成了变革者。

艾瑞克在12岁时，开始了“加紧脚步”（Stepp'n Up）计划——提供免费的鞋子给贫困儿童。他的计划始于把犹太成年礼的钱捐出来，他用这笔钱为某贫困家庭的6个兄弟买了鞋子。后来，他向当地商店及制鞋商募集并送出了超过20000双新鞋子，给有需要的孩子。

查德在15岁时发现有个女孩需要看牙医，但是他们家负担不起，所以他写信给500位牙医，寻求他们的帮助。后来查德发起了“寻找医生”（Doc-Adopt）服务，帮贫穷或受虐的儿童找到当地可以提供医疗服务的医生。现在查德已经是一位外科医生，他仍持续付出自己的时间与医疗专业，帮助第三世界国家的孩子。2012年，他获得了“最富同情心医生”的肯定，在全美

87万名医生中，只有3%的医生获得这项荣耀。

亚曼达想到自己非常喜欢填充玩偶，因此她推动了“给我抱抱”（To Have and to Hug）计划。“当娃娃让我感到心情很好时，”她说，“我就想象娃娃也会带给另一个孩子好心情。”她9岁大时，便开始把新的填充玩偶带给住在庇护所、寄养家庭及医院的孩子，她送出了好几百个玩偶。

这些年来，裴林一家人获颁许多奖项，甚至上过奥普拉的节目。他们的助人事迹还在持续发生：每一个孩子（现在都已成人）仍继续进行他们的变革者计划，每项计划都帮助了成百上千位孩子。

“人们不知道要有所作为是非常简单的。”查德说。大多数父母都不知道。

1. 找出孩子关心的目标。最成功的变革者都达到了对他们有深刻意义的目标。你可以从与孩子一起去当义工开始，然后留心会让孩子感到兴奋的主题。他喜欢独自工作还是与人合作？他喜欢户外还是室内的工作？他爱跟比他年纪小的还是比他大的孩子一起？找到符合你家孩子兴趣与风格的目标。

2. 思考可能性。一旦你确定了孩子关心什么，跟孩子一起脑力激荡，想出可以有所作为的方法。把想法限制在实际可为且孩子渴望投入的做法上。有伟大的想法很好，但是建议孩子“千里之行，始于足下”。因此，与其打造一间新的庇护所，不如让孩子先寄电子邮件，请朋友捐赠外套。

3. 制订计划。你家孩子把计划想得越清楚，就有越大的机会成功。帮助孩子列出所需资源与人力。如果他需要募集玩具，鼓励他制作传单。如果他想写信来推广，帮助他找到地址。向孩子强调，他必须把计划告诉你。

4. 从身边开始做起。大海的另一边有很多大问题，但你们的小区里也有。考虑去儿童医院或者慈善厨房做义工，或者帮助孩子进行“食物传爱”活动，募集食物，再分送、捐赠出去。

5.鼓励“直接接触”。面对面时最能引发同理心，裴林建议选择能让孩子与接受者面对面接触的计划，可以是把玩具送到儿童收容所或送书到长者家里。改变崔佛人生的瞬间，是在他把枕头送给流浪汉，看到他脸上出现感激之情的那一刻。

6. 持续不断！一次性的服务活动不足以培养出同理心。帮助孩子选择可以定期进行的活动：每周、每月或每年，这样孩子才能发展出助人习惯。

适用于不同年龄层的方法

某天早餐时，一个新闻标题震惊了12岁大的克雷格·柯伯格（Craig Kielburger），从而激发了他的同理心——《12岁解放童工运动男孩，遭人谋杀》。新闻讲的是，伊克巴勒·马西（Iqbal Masih）4岁时，被卖去当奴隶。他被人用链条锁在一架织布机上织地毯，6年来每天工作14小时。这位巴基斯坦男孩承受无数次殴打，直到他终于逃离，成为对抗童工虐待的重要人物。后来，马西在与两个朋友骑自行车回家途中，遭人谋杀。

“我以为奴隶是过去的事，已经遭到废除，”柯伯格说，“什么样的爸妈会把孩子卖给奴隶头子呢？什么样的人会把孩子用链条锁在纺织机上呢？”

这类事件远远超乎孩子的经验，让孩子震惊、不敢置信，这经常是变革的开端。克雷格不明白为什么没有人帮助这些孩子，而且他发现有些孩子甚至比马西的年纪还小，就被迫去当奴隶。

有一天，柯伯格问老师是否可以对同学演讲。他先让同学传阅有关马西的文章，以及有关童工的统计数据。然后，他询问是否有人愿意帮他保护儿童的权利。有 11 个同学举手，“解放儿童组织”（Free the Children）就此诞生。柯伯格在父母的祝福下，领导这个组织，他家就成为组织的总部。

“我们有10个人，从小处着手，”柯伯格说，“我们向政治领导人及企业总部递了请愿书。还有几个人到学校、宗教团体及社群演讲，一切就像滚雪球一样越滚越大。”现在全世界帮助儿童最大的儿童组织，就是“解放儿童组织”。在全世界45个国家，有超过230万年轻人，为超过5万名有需要的儿童建立数百所学校，这些经费绝大部分来自他们的生日礼金。

2006年，柯伯格因为维护儿童权利获颁“世界儿童奖”（World's Children's Prize），这是儿童版的诺贝尔奖。“解放儿童组织”曾三次荣获诺贝尔和平奖的提名。柯伯格及他的弟弟马克，还一直为改变儿童生活做全职工作，这都是源于当年他读到那则童工新闻，并且无法视而不见。

当超乎预期的经验扰动了孩子的心，引发孩子强烈的同理心，便会产生变革，这股动力会督促孩子采取行动，有时候会对社会有极大的贡献。以下提到的这些孩子，在平凡的生活中做出不同凡响的事，他们意义深刻的作为，可以教我们如何帮助孩子成为有所作为的人。

- **找到孩子的热情。**让孩子的兴趣能与“给予计划”互相搭配。

莱恩·崔纳（Ryan Traynor）11岁到图书馆当义工，念书给小听众听这件事打开了他的心。“我是真的关心这些孩子，我看到那些书对他们的意义。”他说。这位住在旧金山湾区的男孩头一遭发现，有很多人没有书可以读，所以他在后院放了一个捐献箱。6个月内，莱恩发送了超过25000本书给孩子，现在有来自7所学校的青少年也给出同样的帮助。

最好的服务计划便是对孩子有意义的计划，而不是在履历表上看起来很优秀的计划。让孩子主导，无论那是在特殊奥运会当义工，与收容所的孩子一起玩游戏，还是栽种可供应慈善厨房的蔬菜。孩子可以领导与他有相似想法的同龄人一起做。（学龄儿童、青少年适用。）

- **从遇见一个人开始。**我访问的每一个变革者都说，他们想助人的动机开始于与真实的人相遇（崔佛遇见流浪汉；柯伯格看到儿童奴隶的照片）。来自俄勒冈大学的保罗·斯洛维奇（Paul Slovic）发现人类的大脑在遇到“一个”需要被帮助的人时，比较容易产生同理心，而不是看到成千上万受苦的人之时。斯洛维奇解释道：“当人数增加时，我们会与那些有需要的人失去情感联结，而且我们会感到自己做不了什么有用的事。这是跟自我效能有关。”而孩子对自己的变革能力越没有信心，就越无法发挥同理心跟道德勇气。

凯登·泰帕路斯（Cayden Taipalus）在学校餐厅排队用餐时，看到排在他前面的男孩因为账户里的钱不够，所以没有热食可以吃。这位住在密歇根州的三年级学生感受到这个男孩的痛苦，他不希望其他同学也面对这样的羞辱。于是泰帕路斯开始搜集空瓶子，并请朋友捐钱，帮必须申请减免午餐费用的孩子结清账户欠款[①]。他这种“把爱传出去”的举动在口耳相传之后，形成“没有孩子挨饿”（No Kid Goes Hungry）的运动，在两个礼拜内收到超过 20000 美金的捐款，都是孩子、大人及商家慷慨相助——足以帮助泰帕路斯的学校及郡内的孩子。

帮助你家孩子明白，他的有所作为可以从帮助一个人开始：教其他孩子功课、念书给长者听，或只是向邻居友善地打招呼。（所有年龄层都适用。）

• **利用新闻。**帮助孩子关心世界，以增加其全球意识，从而注意到各地发生的问题。“我们的父亲经常在早餐时阅读摊开在桌上的报纸，他让我们参与他这项日常的例行活动，了解这个世界上发生的事情，”柯伯格说，“通常我们会选一篇文章作为讨论重点，然后花 5~10 分钟来讨论它。我们的父母会进一步鼓励我们去思考可能的解决方法与行动。”

当你家孩子注意到某个议题（霸凌、种族主义、贫穷、人口贩运，等等），帮助孩子发展行动计划，以有助于问题的解决。（学龄儿童、青少年适用。）

• **让孩子对异议有心理准备。**变革者需要练习为自己的观点挺身而出，才不至于在有人企图劝退他们时就打了退堂鼓。

薇薇安 · 哈尔（Vivienne Harr）在看到两个尼泊尔的小男孩被抓去当奴隶的照片时，她才 8 岁。“我们一定要做些什么事。”她这么告诉父亲。于是，她设置了一个卖柠檬水的摊位，她请顾客每天“根据自己的心意捐钱”，因为这是“给予”，不是“生意”。6 个月之内，哈尔就为反奴役组织募到了超

① 在美国，学生的午餐欠款超过一定数额，校方就会给“替代午餐”，往往是冷三明治及冰牛奶。

过 10 万美金，但是她承认这并不容易。“你不能去想其他人会怎么想，也不能让别人造成你心情低落，”她说，“这需要勇气。”

面对他人可能的否定，可以帮孩子先准备好怎么回答（“我不赞同，这是我相信的事，因为……”“那是你的观点，这是我的……”）。帮孩子练习站稳立场，有能力为自己说话，这样他们才能站出来，为他人发声。（学龄儿童、青少年适用。）

• **分享关于变革者的故事。**提升自我的经验是会传染的，所以当孩子看到其他孩子有所作为，他们通常也会想要帮忙。

来自宾夕法尼亚州的一位二年级学生克里斯蒂安·巴克斯（Christian Bucks），看到有同学落单，没有朋友跟他玩，于是想到在操场上装设“好伙伴长椅”会是个解决方法。落单的孩子可以坐在长椅上，让同学知道他想要跟人聊天，其他孩子可以邀他一起玩。巴克斯把这个想法告诉校长，操场上就多了一张长椅。当地的报纸刊登了长椅的照片后，好几百个学生也向各自的学校要求设置长椅，以帮助同龄人结交朋友。（所有年龄层都适用。）

• **正向运用社交媒体。**社交媒体通常等于人性的阴暗面，但有些青少年却能用社交媒体做出变革。

凯文·卡威克（Kevin Curwick）受够了看到同龄人被霸凌，所以这位住在明尼苏达州的青少年创建了一个匿名的推特账户发表善意的推文，让孩子们知道有人关心他们。“我并不知道人们会如何响应，或者我会不会被霸凌，但我就是无法眼睁睁看着这一切，却什么事都不做，”卡威克告诉我，“我必须支持那些孩子。”

同学们开始复制卡威克的策略，对同龄人发出友善的推文。有个新闻网站刊出这个故事，卡威克的“友善运动”一炮而红。克罗地亚、韩国及澳洲等地，都开始有青少年发出“友善”的帖子，以阻止网络霸凌的发生。更好的事情是，由于孩子们不再跟随那些恶意的帖子，网络霸凌便失去了力量。

社交网络可以是鼓舞内向孩子有所作为的渠道，他们可以不具名。一直等到报纸刊出卡威克的名字，其他同学才得知原来是卡威克发出的那些推文！（学龄儿童、青少年适用。）

- **小心别让孩子过于敏感。**进行变革并非那么简单，尤其是与流浪汉、儿童奴役及网络霸凌有关的棘手议题。保护孩子，使孩子别过于受到他人痛苦的影响，否则会使孩子反而对需要帮助的人视而不见，增加同理心断层。

通过以下压力管理的 ABC 三步骤，在情绪不佳时能做出调适。“你必须照顾好自己，才能够帮助别人。”

A＝觉察（Aware）。教孩子体察自己的感受。“我现在是什么感觉？”“我需要什么？”你或许需要帮助孩子学习保持距离，或者在刚开始时参与比较轻松一点的计划。自我调整对于同理心是很重要的，尤其是对那些很容易因他人的需要而产生过多情绪的人更是如此。

B＝呼吸（Breathe）。把注意力放在缓慢的深呼吸上，可以降低压力（请参考第5章，第145 页有关“正念呼吸”的练习）。

C＝平静（Calm）。找出可以帮助孩子减压的方式：运动、与人相处、看好笑的电影、祈祷、维持生活规律。找到健康的减压方式！更好的做法是，全家一起做。（学龄儿童、青少年适用。）

- **拓展疆界。**拜访流浪汉改变了崔佛的人生。“我们在学校里学到，埃塞俄比亚、印度有穷人，但我们不知道美国也有穷人，”崔佛说，“这是我会这么关心的原因。”

拓展孩子的舒适区，纳入“不同”的经验（去慈善厨房、陪伴长者或无家可归的孩子）。这样他便能同理那些“跟他不一样”的人。这个方法对于以自我为中心的孩子尤其有力量，他们需要推一把，才能看到在“我”以外的世界。

这种让心敞开、拓展舒适区的经验，不只能丰富孩子的人生，还能拓展他们的同理心，让他们渴望成为具有慈悲心的领导者，对世界做出贡献。（所有年龄层都适用。）

关于养育变革者的四大须知

1. 孩子的“助人肌肉”必须持续强化，让“帮助他人”成为孩子童年生活的规律之一。

2. 认为自己能够利他的孩子，更可能会帮助他人，因为孩子会做出符合自我形象的行为。帮助孩子视自己为助人者。

3. 有机会去助人的孩子，往往变得更乐于助人，更具慈悲心。

4. 相信“同理心会成长”的人，更可能在最需要的时候付出同理心。帮助孩子了解同理心可以通过练习来成长，并帮助孩子发展同理心的成长心态，这样，孩子便会知道同理心、关怀、仁慈及勇气等特质都是可以培养的。

最后的叮咛

明尼苏达州静水镇的 9 岁孩子内特·崔佛斯（Nate Dreyfus）在大冷天里看到某个景象让他心头为之一震。“有个男人，”他说，“下车之后，脱掉外套，递给街上另一个男人。他的作为让我很感动，所以我也想做这样的事情。”在家人的协助之下，崔佛斯在小区里分送箱子，搜集到 79 件外套，他将这些外套送到住在收容所里的家庭。“这真是让人心头感到温暖。”崔佛斯说。

科学家会说崔佛斯心头发热的温暖感受，是“助人者的快感”，一旦你体会到这种“付出的兴奋感”，你就会想给出更多帮助。这种感受甚至有生理基础：身体中所分泌的血清素会产生温暖、崇高的感受。

当我们试着帮助孩子发现“快乐与成功”时，我们或许忽略了真正的重点。鼓励孩子帮助他人，会带给他们无限的喜悦，打开他们的心房。而且，帮助他人也让孩子视自己为变革者：做出正向贡献，影响他人追随。

这一切都始于同理心。播种这些种子，能培养孩子的同理心优势。孩子要快乐、成功，活出有意义的人生，同理心优势是重要的关键。

同理心优势

给孩子成功优势的七项创意方法

在为本书做研究及写作的过程中，我走遍世界各地，跟数百名研究者谈过话，举办焦点团体访谈，参加的孩子超过500名，还拜访过数十间学校。我看到无数培养同理心的方法，然而，最有效的方法总是去符合孩子的需求，真实且有意义。以下是世界各地的成人在培养孩子同理心过程中，最有效也有创意的几项方法，他们正在创造一个不以自我为中心的世界，并且让孩子能拥有同理心优势。

1. 做个友善的人

同理心总是跟“我们”有关。提升同理心，有一个不被重视的简单方法，那就是“创造更加友善的文化”。单是在友善的环境中与人相处，就能增加同理心，并使你想要更加友善。南太平洋的岛国瓦努阿图便实践了这样的社会前提，这里被称为“地球上最友善的地方”，在拜访过这个岛国之后，我明白了原因。无论你走到哪里，这个国家的居民都会真诚地向你微笑、跟你打招呼，而且似乎真的对你很感兴趣。他们的友善是会传染的，所以你也会立刻对陌生人回以微笑，并向他们打招呼。当我问瓦努阿图的居民，他们为何如此友善，他们的答案相当简单：“因为其他人也是这样。”友善会让你去体会并观察情绪线索，对他人的情感与需求更具接纳性，你不会只是与人擦肩而过，你会立刻觉察到另一个人的存在，并且对他微笑。

美国康涅狄格州绿色农场学院的妈妈们建立一个友善俱乐部，每个礼拜教孩子练习礼仪与友善之道。在华盛顿州布雷默顿有所中学发起一个名为“友善问候”的学生社团，每天早晨在前门迎接同学。我的一年级老师每天都会用“握手与拥抱”（我们选择跟她拥抱或握手，然后再与同学拥抱或握手）来迎接我们。这些方式都很简单，但是它们变成持续的规律，很快的，整个环境就变得比以前友善，因为每一个人都在做友善的事。

在同理心出现的每个时刻，其根本都是人与人之间的联结。今天的文化过度看重个人、与网络世界紧密相连，我们需要找到方法，创造更加友善、关怀的文化，以帮助孩子透过他人的观点了解世界，倾听彼此的心声，感受对方的心跳。

2. 打破藩篱

研究同理心的顶级权威马丁·霍夫曼（Martin Hoffman）指出，我们比较容易同理身边的人，或者关心那些“像我们的人”。让孩子的舒适圈能包括那些“不像他们的人”，会打开通往同理心的道路。我在喀布尔发现了一个打破藩篱最有创意的方法。

滑板学校（Skateistan）的提案开始于2007年，它以滑板为诱饵，为阿富汗年轻人创造教育与赋权机会。绝大多数参与者都有极大的社会需要：童工、不识字、低收入家庭、肢体残障，他们面对着无数的障碍。滑板学校有40%的参与者是女孩。这比例不低，因为阿富汗禁止女孩骑脚踏车、跟男孩来往，也不许她们接受教育。但是，有1500名女孩每周三天去滑板学校，午后她们便与男孩肩并肩，溜着滑板，穿梭在饱受战争蹂躏的区域中。

诺亚·亚伯拉罕（Noah Abrams）是杰出的摄影师，他的作品出现在《纽约时报》《滚石》杂志及《浮华世界》上。他刚从喀布尔回来，在那里他捕捉到孩子溜滑板的影像。他告诉我一个非比寻常的景象：阿富汗女孩以挡不住的勇气溜着滑板一路向前，即使跌倒了也很快爬起来，很多时候，她们还超越男孩。

“看着这些女孩与男孩肩并肩溜滑板，如此‘平等’（至少是在溜滑板的时候），令人难忘，”亚伯拉罕说，“希望那些男孩会记得这些时刻，这些女孩比他们优秀的时刻。等他们长大之后，会以不同的态度对待她们。”

在缅因州举办的“和平种子国际营”，让来自阿富汗及巴勒斯坦的青少年一起参加夏令营，在那里的经验让我相信，在战火频仍的地带，最好的希望就在孩子身上。根据研究，有超过5000名青少年从那个国际营毕业，其中有超过一半的人已经在他们的国家成为领导者，1/5的人在为和平共存运动努力。他们成了变革者。

我们必须让孩子与世界做多元接触，在他们小时候就扩展他们的熟悉领域。同理心是有界限的:我们最关心跟我们相像的人,但这会扩大同理心断层。找出机会，扩大孩子的关心领域。

3. 让孩子发声

今日的孩子成长于超链接的世界，孩子们说他们宁可发信息也不想讲话。但是同理心的锻炼，必须面对面与人产生联结，这是为何我们必须让对话的艺术流传下去。西藏古老的色拉寺的每日传统，保有让对话的艺术得以流传的秘诀。每周一到周五的下午，僧侣会聚集在建造于1419年的院落，举行一个小时的辩经，以理解佛教精神。辩经时，“挑战者”站着问问题，“答辩者”则坐在地上回答。僧侣在辩经时会有夸张的肢体动作，一下子大力击掌，一下子又出现戏剧性的手势，接着又停顿下来，谨慎地思考接下来的论点，饶有趣味，又充满友爱精神。辩经时不能看笔记、不能带书：辩经者必须仰赖背诵下来的经文以及他们对该主题的理解，问出连珠炮般的问题。我跟来自世界各地的报道者旁观辩经，尽管我一个字也听不懂，但我知道我所看到的景象是培养同理心的关键：“发声”练习。僧侣们创造出每天进行的仪式，把自己的意见面对面说出来，并且聆听其他人的看法与感受。

没有道德勇气与道德认同，同理心就会式微。这是为何孩子必须理解自己所支持的是什么，并且练习表达，这样他们才能为他人发声。那些僧侣练习坚持自己的主张，并且每天都说出自己的信仰。

在“和平种子国际营”，青少年每天都会上对话课，帮助他们了解他人的观点。“停与听”的标语被钉在树上，以鼓励参加营队的人停下来倾听他人（我不禁想着，这样的标语应该贴在每个操场上及每个人的家里，以提醒我们）。

KIPP①公立特许学校教孩子以缩写词“SLANT”代表五项技巧：坐好（Sit up）、聆听（Listen）、发问（Ask questions）、点头（Nod）、眼睛直视讲者（Track the speaker with your eyes），并且把这些技巧贴在课堂教室里，每天练习。

孩子可以在家庭会议或晚餐讨论时，学习发表意见、倾听他人、尊重不同的意见，这些对我们的数字原住民来说都是至关紧要的经验。“常识媒体”发表的报告发现，13~18 岁的青少年现在几乎每天花 9 个小时（往往比他们的睡觉时间还多）在“娱乐媒体”上（看社交媒体、找音乐、玩游戏、看网络视频）。10~12 岁的青少年使用数字媒体的时间则是每天 6 个小时。在今日的插电世界，我们必须不让对话变成被人遗忘的技巧。面对面沟通，对于启动同理心很重要。所以，为孩子规划不插电时间，了解身边真实的人们，练习面对面沟通与表达，倾听他人的观点与感受。

① 指“知识就是力量”（Knowledge Is Power Program）课程。

4. 下棋与不插电游戏

跟同理心有关的认知是理解他人思想与情感的能力——站在他人的立场。我在亚美尼亚的首都埃里温的一所学校，看到换位思考的有趣课程，这里的孩子在学下棋。亚美尼亚是世界上第一个要求学生从 6 岁就开始学国际象棋的国家。理由是，下棋可以提升孩子的品格与领导力。所以我看着这些亚美尼亚的小学生走进必修课教室，迎接他们的国际象棋课老师，跟与他们同年龄的对手面对面坐着，进行一个小时一对一的对弈。他们每周都有一次国际象棋课。研究证实，这个有 1500 年历史的游戏跟“孩子的认知能力、适应与问题解决能力及社交情绪能力的发展有关”，并且能够增加创意、专注力，改善阅读及数学成绩。但是，当我看着一年级的纳瑞克与亚门下棋时，我发现国际象棋也能有效地强化同理心的认知层面。他们面对面下棋，想象对手的下一步会怎么走，觉察对方的情绪线索（“他下这一步时，看起来是自信的、犹豫的、还是不安的？”），并预测“如果……那么……”的可能性（“如果他下了这一步，那么……”）。纳瑞克与亚门正在学习不可或缺的换位思考，但是他们也在玩乐与建立关系。

找出方法，帮助孩子预测他人的观点，例如牌卡或桌游（“你认为爸爸的下一步会是什么？”）、角色扮演、扮装，或者任何这类可以帮助孩子了解他人观点的方法。

5. 创造家长支持网络

一旦讲到培养同理心，爸妈必须永远当孩子最重要的影响来源。但是，我们如何帮助爸妈认识到建立同理心的重要？

全世界最大的社会企业网络阿育王组织（Ashoka）意识到同理心的重要，创建了“养育变革者”（Parenting Changemakers）的组织，组织的目标是家有4~16岁孩子的爸妈。志同道合的爸妈成立这个组织，找到方法帮助孩子善用同理心、解决问题、培养领导力及学习团队合作技巧。这个由爸妈为主的团体会在他们称为“智慧圈”（Wisdom Circles）的会议中，分享对社会有杰出贡献的儿童事迹，由这些事迹获得灵感，养育孩子成为有同理心的变革者。如今，在得州有个以西班牙裔低收入家庭为主的父母主导团体，在乔治镇日间学校（Georgetown Day School）也有一个这样的团体，在新进及现有家长间建立共同体。阿育王组织还创立了一个变革者学校网络，结合世界各地的顶尖学校，以同理心及变革为优先，作为培育学生的典范。

克丽茜·卡东（Chrissy Garton）最近参与了连续5周的“养育变革者”对话，与会者有爸爸、妈妈及小孩，孩子的年纪从学步儿到青少年都有。“这真是令人大开眼界，我从没经历过这么不一样的家长对话。”她说，“整个对话中，我们不是讨论是非黑白、哪些事可做、哪些事不能做，我们探讨的是如今我们的孩子是在怎样的世界中长大——孩子们需要哪些类型的技能才能成功。”

关于妥善养育孩子的对话，尤其是在变动快速的数字化世界中，会让我们思考自己的教养内涵，以及如何加入同理心的培育。以下几个主题，能开启父母的团体对话，也可与你家的另一半一起讨论：

- 以如今的经济环境，不知往后会出现什么样的工作，孩子需要怎样的技能才能在这样的环境中获得成功？
- 在快速变迁的世界中，爸妈应该如何帮孩子做准备？
- 在面对面接触减少、网络环境愈加恶劣的此时此刻，我们该如何帮助孩子与同龄人发展健康的关系？
- 我们能如何拓展孩子的视野，帮助孩子了解不同背景的人，接纳差异？
- 在只用成就与绩效作为成功量尺的环境里，我们应该如何培养孩子的同理心？
- 我们如何帮助孩子了解发生在这世上的种族歧视与不公平？
- 我们可以提供哪类有意义的义工服务计划给孩子？
- 我们如何在孺子可教的亲子时刻中创造同理心？

建立由家长主导的团体，讨论培养同理心的方法，除此之外还有更多有创意的方式。

有些家长会组织每月读书会，他们会阅读及讨论如《Me世代：年轻人的处境与未来》(*Generation Me*)、《爱的教养》(*Born for Love*)，或是你正在读的这本书，并讨论如何把这些信息应用在教养上。也有爸妈组带着幼儿，组成同理心游戏团体，每周在彼此的家里聚会，一起教导孩子，主题包括各种同理心训练技巧，比如冷静、深呼吸及“两件善行法则”等。家里有青少年的爸妈则会发动义工服务,例如在学校假期时参与“国际仁人家园”(Habitat for Humanity) 兴建房屋的计划。

教养并不容易，而且往往很孤单，但这却是我们生命中最重要的任务。找出方法与其他也想培养孩子同理心的父母联结，会有很大的帮助。发挥创意，与志同道合的父母形成网络，彼此互相支持。

6. 建立互相关怀的关系

我看过许多充满人性光辉的时刻，在这样的时刻里，孩子对彼此付出深刻的关怀。那总是让人深深触动，其中令人记忆最深刻的一次，是在芝加哥一所赤贫的学校。

那堂课是关于美国南北战争，当老师用角色扮演的方式，呈现出盖茨堡战役中的乔治·米德（George Meade）将军及罗伯特 E. 李（Robert E. Lee）将军时，那些中学孩子深受吸引，也了解到了两位将军的观点。

再过不久就要下课了，但是孩子还有最后一件事要做。“现在是‘聚光灯时间’。”老师宣布。学生们很快搬动桌子，围成一个圆圈，并摆了把椅子在中央，老师叫了一个孩子的名字。被叫到名字的卡拉立刻站了起来，坐到中间的椅子上，接下来我看到这群青少年表现出他们的关怀能力。每一个同学都说出一个正当理由，说明为何卡拉是个好人，他们的话真挚、诚恳——这个年纪的孩子容易难为情，这活动对他们来说并非轻而易举。他们的老师不只善于教历史，还很知道怎么教孩子彼此关怀。卡拉向同学道谢，接下来还有一位“聚光灯时间”的主角要上场。

老师叫了杰若米的名字，我的血压立刻飙高。这个孩子很不安，他紧握拳头、身体紧张，眼睛下方有黑眼圈。他坐到椅子上，我开始祈祷其他孩子有意识到他的焦虑。这些孩子没有让我失望。孩子们不只看到他的痛苦，有好几个孩子还做出和他一样的身体姿势：他们跟他一样感到焦虑，并通过话语来帮助他。他们的话是出自真心的，很温柔，充满关心：“杰若米，我们很喜欢有你在班上。”“你从不缺席。”“谢谢你上礼拜帮我把书捡起来。”

不到 30 秒，我看到杰若米的肢体语言改变了。他松开拳头，腰杆挺得更直了些，脸上甚至露出淡淡的微笑。当“聚光灯时间”结束时，最感人的一刻来了。杰若米站了起来，拥抱老师，然后轻声对老师说：“我想告诉你，这个班级对我非常重要，”然后他又小声加了一句，“这个班级甚至比我的家人更重要。”

我实在克制不住自己的眼泪，坐在我旁边的女孩们看到我这么难过，开始安慰我。一个拍拍我的手，另一个递给我卫生纸，第三个女孩向我解释状况。

“杰若米的生活很不顺利，你应该看看他回家后的状况。”她说，“你知道吗？这个教室真的是让他唯一感到安全的地方。”

另一个女孩靠过来又说：“没关系的，我们都知道他的状况，所以我们会让他感到有人关心他，因为我们都能了解他的痛苦。”

当孩子感到安全、被接纳、有人理解，同理心便会敞开。温暖的关系会促进彼此互相关心，也因此，与孩子建立温暖、紧密关系的父母，容易养出有同理心的孩子。这也是为什么有正向气氛的教室与学校，霸凌较少，学生比较不会感到自己被边缘化。我们能够也必须更加努力，以在家庭、学校、邻里及组织中创造出这样的关怀的气氛。

社会心理学家平克（Susan Pinker）在她的书《村落效应》（*The Village Effect*）中指出，人数大约150人的小区，拥有最强的社会关系。事实上，牛津大学的演进心理学家罗宾·邓巴（Robin Dunbar）提出，人类大脑所能管理的有意义关系，人数上限是150人。当我们的“村落”崩毁，流动性、科技及城市化越来越强大，刻意为孩子建立彼此关怀的社群就变得更加重要，如此孩子才能获得同理心优势。有很多方法可以做到。

- 提供机会给孩子，如“聚光灯时间”、班级会议或者凝聚团队的活动，让孩子能彼此了解。
- 如果你遇到一群新进的孩子，可以通过一些破冰活动，帮助他们不那么焦虑，或者组织一些社交活动，让他们彼此认识。
- 让孩子们在午餐时交换座位，打破小团体，与新的同龄人相处，或者运用合作学习方法、拼图课程，与不一样的同学共同工作。
- 试试看如“瑞秋的挑战”计划，瑞秋是1999年科伦拜高中枪击事件的第一名受害者。这个扩及全校的经验会培养仁善的文化，使学生遇到霸凌事件时更容易彼此帮助，他们已学到了彼此信任及尊重。
- 在家庭晚餐或全家人相聚的时光中，彼此倾听，互相了解。

“有时候大人们忘记了小事很重要，可以帮助我们彼此关心。所有孩子都需要感到安全，有人关心、有归属感。”来自“和平种子国际营”的一位青少年这么对我说，“只要给我们机会、给我们时间互相认识，我们不会让你们失望的。”

7. 不要放弃孩子

同理心的种子埋在我们的亲子关系中，孩子从我们身上第一次学到信任、依附、同理心与爱。布鲁斯 D. 佩里（Bruce D. Perry）是知名的儿童精神科医生，也是《爱的教养》的作者，他解释道：“没有特定的早期经验，宝宝不会学习关怀他人，与人联结。”父母是孩子发展同理心商数的根基，无论父母住在何处，都有同样的希望：希望能有充满爱与快乐的家庭。但是在某些时候，父母与孩子的关系可能会过分紧张，并因此破裂。有时候我们未能同理孩子，没有试图从他们的角度来看事情，没有站在他们的立场，了解他们的担忧、恐惧与伤痛。

有位母亲描述她跟孩子曾经难以相处的一段时光。她跟先生曾经历一段痛苦的离婚过程，正值青少年的儿子怪罪她，是她毁了那个家，并拒绝与她说话。因此，她决定每天写一些话给儿子，每晚把纸条放到他的枕头上：祝他比赛顺利、告诉他她很怀念跟他说话的时光、希望他有美好的一天……无论写些什么，最后都是以“我爱你——妈咪留”做结尾。

这位母亲连续写了好几周的纸条，她的儿子从来没有任何回应，直到有一天，她因工作晚回家时，找不到车库的遥控器，她唯一没找过的地方就是儿子的卧房。她疯狂地搜寻他的房间，此时她在儿子床底下，看到一个很旧的雪茄盒。她以为打开那个盒子，会发现里面装着用来吸毒的工具，但是当那位妈妈终于鼓起勇气打开盒子时，她差一点昏过去。

盒子里面，是她写给儿子的每一封信。后来，当她把盒子拿给儿子看时，他的脸上一片灰白。然后，最奇怪的事情发生了：他的儿子开始哭了起来。一直以来，他以为是自己造成父母离婚，所以他怪罪自己是父母婚姻触礁的元凶。

“我很高兴我写了那些纸条给儿子。”她说，“后来，我发现了那些我没注意到的征兆。他不是在气我，他只是受伤、害怕及羞愧。我只希望我了解过儿子的感受。”

同理心是双向的：可以给孩子带来通往成功的巨大优势，而这是经过证实的；同理心也能增强我们与孩子的联结。找出方法，维持与孩子的良好关系，这样你才能与孩子保持联结。同时，不要忘记运用书里这九个同理心的核心习惯，帮助你了解孩子，让自己的教养更有成效。

同理心是人性的根源，也是有助于孩子成为懂得关怀、心地良善的人的基本原则。但是，同理心优势也给了孩子获得快乐与成功的巨大优势。同理心从未如此重要，但是了解他人感受及需求的能力需要被培养。这一点要仰赖成人，不要让孩子失望。

致　谢

中国有句谚语说得好：孩子的人生如同一张白纸，凡走过必留下痕迹。我是受到高度祝福的人，因为有许多人在我的生命中留下了重要痕迹，每一个人都对我的写作及作品的领域有所帮助。我要向以下所有人表达衷心感激。

我的超级经纪人 Joelle Delbourgo，从我跟他分享这本书的计划开始，他便充满热情，一路给我指引，直到出书为止。感谢你的韧性、耐心与友谊。我知道若是没有你不屈不挠的催促与支持，这本书不会从无到有。

感谢我的编辑 Michelle Howry，对于这个写作计划全心相信与承诺，每一步都有她充满智慧的指导及绝佳的洞察力。每一个建议都宝贵如黄金；每个编辑校订之处都恰如其分！与她一起工作，是我的喜悦与荣幸。

这本书的灵感，是我在柬埔寨杀戮战场的旅途中，坐在一张长椅上时想到的。当时我对孩子的世界感到绝望，然后我对一些人做了点研究，他们带给我希望，并引导我往另一个方向前进——如何养出良善的孩子。感谢 Anne Colby、William Damon、Eva Fogelman、Samuel Oliner 与 Ervin Staub，他们在发掘人性种子上的贡献非凡。还要感谢以下各位，对于我思考同理心及发展儿童关怀社群有极大的贡献：Daniel Batson、Jack Caneld、Tamar Chansky、Richard Davidson、Nancy Eisenberg、Maurice Elias、Bruce Feiler、Mary Gordon、Michael Gurian、Martin Hoffman、Harvey Karp、Dacher Keltner、Madeline Levine、Bruce Perry、Darrell Scott、Daniel Siegel、Laurence Steinberg 及 Jean Twenge。你们的作品像是上帝送给全球各处年轻人的礼物。

在密集的研究及书写过程中，有几个人如我的老师般教导我，特别要感　谢：Edward DeRoche、Thomas Lickona、Richard Weissbourd 及 Philip Zimbardo，我对你们的感谢一言难尽，希望我有将你们的工作真义表达于万一。

感谢美国计划局（American Program Bureau）的 Michele Fey Smith，你永远在网络的另一头逗我开心，还为本书预订到不可思议的演讲场地。

感谢一群具有同理心、无比美好的作家及朋友，你们不仅乐意与我分享专业与研究，还总是鼓励我继续努力。从提案到付梓，Sue Sche、Trudy Ludwig、Marilyn Price-Mitchell 及 Barbara Turvett 一直支持着我，握着我的手，让我能持续写作。还要深深感谢以下友人的支持：Usha Balamore、Carrie Goldman、Sameer Hinduja、Katie Hurley、Jessica Lahey、Amy McCready、Justin Patchin、Marilyn Perlyn、Shannon Service、Theresa Payton、Rachel Simmons 和 Rosalind Wiseman。

谢谢你们的友谊：Jim Dunn、Akasha Forcella、Terry Gill、Jaynie

Neveras、Judith Patrick、Sue Stroud、Jerry Stroud 及 Sandi Young。大大感谢“大熊清醒拯救者”（Big Bear Sanity Savers），你们伴我度过密集的暑期写作时光：Leticia Danneberg、Cheryl Fey、Kay Giudry、Zoryana Pace、Bridget Holder（以及 Dave、Bob、Doug、Vince 及 Terry）。我知道，你们帮了我大忙。最后（但并非最不重要的）我还要感谢 Giulia Damico 及“每童一电脑”（One Laptop per Child）的工作人员，你们在卢旺达基加利让我体会到同理心的力量，改变了我的人生：谢谢你们！

我也要归功于无数的教育者与创新者，他们与我分享培育同理心的策略与专业：Joey Katona，言语难以形容我对你的感谢——你是我的变革者！Noah Abrams，你所拍摄的阿富汗孩子影像改变了我对同理心的观点。德雷克大学（Drake University）光芒中心的 Amy Smit，感谢你更新研究资料。还有至善科学中心的 Vicki Zakrzewski，你的专业与助人意愿，都让我铭感于心。

尤其感恩那些花时间跟我分享培养同理心做法的人："游戏育人”的 Jill Vialet 和 Jaron Williams；莫瑞小学的 Carolyne E. Albert-Garvey 和 Vanessa Ford；米尔福德高中的 Su Chafin、Cami Morgan 和 Daikiri Villa；雷东多海滩联合学区的 Aaron Benton、Jennifer Bell 和 Dr. Tanaz Farzad；爱碧芬妮预备特许学校的 Sarah Raskin、Stacey Rawson 和 Mayra Reyes；健康英雄联盟的生命力勇士 Lane JaBaay；非营利组织儿童委员会的 Joan Duffell；圣哈辛托学区的 Cathy Blythe；“瑞秋的挑战”，Darrell Scott；父母圈，Yitzhak Frankenthal，Carol Lloyd，Great Schools；詹娜·德鲁克中心的 Ken Druck；

哈佛“推己及人计划”的 Jennifer Kahn；“和平种子国际营”的 Leslie Adelson Lewin、Bobbie Gottschalk、Daniel Noah Moses、Dindy Weinstein、Madeleine Pryor、Eric Kapenga、Tarek Maassarani、Laura Perrault；“同理心根源”的 Mary Gordon 和 Amanda Roberts；“美国陆军儿童、青年及学校服务”项目；五角大楼的 Judi Patrick 和美国国防部教育处负责人 Debbie Parks；GenerationOn 网的 Kathy Saulitis；希普利学校的 Usha Balamore 和 Lucy McDermott；佛罗里达聋哑盲人学校的 Dr. Jeanne Prickett 和 Karen Kolkedy；英雄建筑公司的 Matt Langdon；VolunTEEN Nation：Simone Bernstein；品格教育网，Anne Bryant、Joan Du ell、David Keller、Linda McKay、Arthur Schwartz 和 Rebecca Sipos；菲律宾品格教育联盟 Mann Rentoy；马尼拉南岭中学 Luden Prudencio Salamat；台北美国学校，Catriona Moran 和 Megan Pettigrew，还要感谢美国、欧洲陆军数百位老师、咨询师及家长，感谢你们的服务、奉献、好客与慈爱！

感谢无数的老师及行政人员，特允我进行学生的焦点团体访谈，让我可以听到孩子的声音。你们的名字多到我难以一一列举，我只能列出你们所在的国家：加拿大、中国、哥伦比亚、埃及、英国、德国、韩国、马来西亚、墨西哥、新西兰、尼加拉瓜、菲律宾、卢旺达、土耳其及美国。

感谢 NBC 电视台的工作人员，你们所制作的节目帮助我对同理心有全新的了解：Kerry Byrnes、Jamie Farnsworth、Rainy Farrell、Kathie Lee Gifford、Debbie Kosofsky、Lynn Keller、Dana Haller、Hoda Kotb、Joanne LaMarca、Michelle Leone、Patricia Luchsinger、Natalie Morales、Meredith

Reise、Stephanie Siegel、Kate Snow、Marc Victor 。感谢你们!

那些对世界做出贡献的年轻人，感谢你们分享你们的故事：Kevin Curwick、Travis Price、Megan Felt、米尔福德高中的孩子们及 VolunTEEN Nation 的 Simone Bernstein。

最后（但并非最不重要的）感谢我的家人，你们在我的生命中留下最大、最深刻的痕迹：你们是我生命的基石。感谢我的丈夫兼最好的朋友 Craig，感谢你在这本书的每句话及我生命的分分秒秒无止境的支持、鼓励与爱。感谢我美妙有趣的新儿媳妇 Kristie Borba 及 Erin Malone，还有我优秀光荣的儿子：Jason、Adam 和 Zach。你们帮助我看到父母在教养中真正扮演的角色是养育能让世界更好的下一代。你们真是让我骄傲。

图书在版编目（CIP）数据

我们都错了！同理心才是孩子成功的关键 /（美）米歇尔·博芭著 ；郭贞伶译. — 武汉 ：长江少年儿童出版社，2021.2

书名原文：Unselfie:Why Empathetic Kids Succeed in Our All-About-Me World

ISBN 978-7-5560-8576-7

Ⅰ. ①我… Ⅱ. ①米… ②郭… Ⅲ. ①儿童教育 Ⅳ. ①G61

中国版本图书馆CIP数据核字（2018）第137412号

著作权合同登记号：图字17-2016-372

Unselfie : Why Empathetic Kids Succeed in Our All-About-Me World

WOMEN DOU CUOLE TONGLIXIN CAISHI HAIZI CHENGGONGDE GUANJIAN

我们都错了！同理心才是孩子成功的关键

［美］米歇尔·博芭／著　郭贞伶／译
责任编辑／佟　一　陈　晶　马瑞芬
装帧设计／刘芳苇　美术编辑／熊灵杰
出版发行／长江少年儿童出版社
经　销／全国新华书店
印　刷／湖北画中画印刷有限公司
开　本／787×1092　1／16
印　张／18.25
印　次／2021年2月第1版，2021年2月第1次印刷
书　号／ISBN 978-7-5560-8576-7
定　价／60.00元

策　划／海豚传媒股份有限公司
网　址／www.dolphinmedia.cn　邮　箱／dolphinmedia@vip.163.com
阅读咨询热线／027-87391723　销售热线／027-87396822
海豚传媒常年法律顾问／湖北珞珈律师事务所　王清　027-68754966-227